Shaun das Schaf™
Mein Kochbuch

EXTRA
SCHA(R)F

www.komet-verlag.de
Gesamtherstellung: KOMET Verlag GmbH, Köln
ISBN 978-3-89836-935-0

Shaun das Schaf

Mein Kochbuch

EXTRA SCHA(R)F

KOMET

Heiße Suppen

Pikantes für den gemütlichen Shaun-Abend

Scha(r)fe Salate

Leckeres aus dem Gemüsegarten

Von der Hühnerfarm

Gerichte von der Weide (sorry)

Ham & Co

Schmääääckt nach Meer!

Mein erstes Kochbuch „Shaunkost spezial" hat Euch ja wohl echt gut gefallen. Deshalb habe ich mir gleich was Neues einfallen lassen. Ich weiß ja, dass viele von Euch gerne scharfe Sachen essen. Scharf ist eben cool! Und deshalb geht's jetzt weiter mit meinen „extra-scha(r)fen" Kochideen. Der Bauer ist gleich wieder mit seinem Trecker unterwegs, Bitzer liegt in der Hütte und schläft, die Herde grast friedlich auf der Wiese. Mmh, ich kann den kleinen Timmy zwar gerade nicht sehen, aber er wird mich sicherlich auch nicht stören. Ich muss nur schauen, dass Shirley nicht in der Küche auftaucht, und mir alles wegfrisst. Da muss man echt aufpassen! Die Ziege ist auch ganz schön gefährlich und die Schweine erst! Okay, ich gehe mal los und koche Euch was super, extra Scharfes!

Heiße Suppen

Scharfe Gemüsesuppe

Die **Zwiebel**, den **Knoblauch** und den **Ingwer** schälen und alles sehr fein hacken. Die **Chilischote** putzen, waschen, entkernen und zerkleinern. **Knoblauch**, **Ingwer** und **Chili** mit Salz in einer Schüssel mit dem Mörser zerstoßen. Das **Öl** in einem Topf erhitzen und die **Zwiebeln** mit der **Würzpaste** darin kurz unter Rühren anbraten. Die **Brühe** angießen und allmählich zum Kochen bringen. Das **Gemüse** waschen. Die **Möhren** abschaben und würfeln. Den **Brokkoli** in Röschen teilen. Die **Tomaten** heiß abbrühen und schälen. Die Kerne und Stielansätze entfernen und das Fruchtfleisch achteln. Den **Koriander** waschen, trockenschütteln und hacken. Das Gemüse nacheinander in die Brühe geben: zuerst die Möhren, dann nach 4 Minuten die **Erbsen**, nach 6 Minuten die **Tomaten** hinzufügen. Nach etwa 8 Minuten Kochzeit die Suppe vom Herd nehmen und mit **Salz** und **Pfeffer** abschmecken. Mit Koriander bestreut servieren.

Für 4 Portionen

1 Zwiebel

2 Knoblauchzehen

5 cm frische Ingwerwurzel

1 Piri-Piri-Schote

1 Tl Salz

1 El Sesamöl

1 l Gemüsebrühe

2 Möhren

200 g Brokkoli

2 Tomaten

100 g Erbsen

1/2 Bund Koriander

Zubereitungszeit 30 Minuten
(plus Garzeit)
Pro Portion ca. 122 kcal/512 kJ
5 g E ✱ 5 g F ✱ 11 g KH

Garnelensuppe mit Piri-Piri

Die **Garnelen** waschen und schälen, die Schalen am Schwanzende aber belassen. Den Kopf abschneiden und mit einem spitzen Messer den Darm entfernen. Die **Korianderwurzel** schälen und fein reiben. Die **Champignons** putzen, feucht abreiben und blättrig schneiden. Die **Limettenblätter** und das **Zitronengras** waschen, Limettenlätter grob zerschneiden, Zitronengras in etwa 3 cm lange Stücke schneiden. Den **Galgant** waschen und in dünne Scheiben schneiden. Die **Piri-Piri-Schoten** putzen, waschen und die Kerne entfernen, in feine Ringe schneiden. Mit Limettensaft und **Austernsauce** in eine Schüssel geben. Die **Hühnerbrühe** in einem Topf mit Garnelen, Champignons, Limettenblättern und Zitronengras erhitzen und etwa 8 Minuten darin garen. Dann die Korianderwurzel und den Galgant zugeben und alles weitere 5 Minuten bei geringer Temperatur köcheln. Das Zitronengras und den Galgant aus der Suppe nehmen. Die Chilimischung unter die Suppe rühren und noch 2 Minuten köcheln. **Frühlingszwiebeln** putzen, waschen und klein schneiden. Über die Suppe streuen und servieren.

Für 4 Portionen

500 g rohe Garnelen
(ca. 12 Stück)
10 g Korianderwurzel
150 g Champignons
3 Kaffir-Limettenblätter
2 Stängel Zitronengras
4 cm frischer Galgant
2 Piri-Piri-Schoten
2 El Limettensaft
3 El Austernsauce
800 ml Hühnerbrühe
2 Frühlingszwiebeln

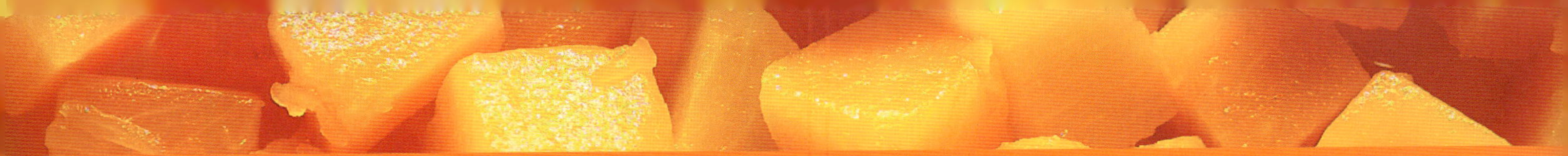

Kürbissuppe mit Chili

Für 4 Portionen

2 El Kürbiskerne

1 Zwiebel

1 Knoblauchzehe

1 Stange Lauch

1/2 rote Chilischote

1 El Öl

500 g Kartoffeln

500 g Kürbisfleisch

750 ml Gemüsebrühe

Salz

Pfeffer

Muskatnuss

2 El Crème fraîche

etwas Aceto balsamico

Zubereitungszeit 20 Minuten
(plus Schmor- und Garzeit)
Pro Portion ca. 183 kcal/768 kJ
6 g E * 4 g F * 27 g KH

Die **Kürbiskerne** ohne Fett in einer Pfanne rösten, bis sie zu duften beginnen, dann beiseite stellen. Die **Zwiebel** und den **Knoblauch** schälen und hacken, den **Lauch** putzen, waschen und in dünne Ringe schneiden. Die **Chilischote** putzen, waschen, entkernen und hacken.

Das **Öl** in einem Topf erhitzen und die **Zwiebel** mit dem **Knoblauch**, dem **Lauch** und der **Chili** darin glasig dünsten. Die **Kartoffeln** schälen und würfeln, das **Kürbisfleisch** ebenfalls in Würfel schneiden. Zur **Zwiebel-Lauch-Mischung** geben und 5 Minuten mitschmoren.

Die **Brühe** angießen. Die Suppe mit **Gewürzen** abschmecken und etwa 15 Minuten köcheln, bis das **Gemüse** weich ist.

Die **Suppe** pürieren.

Mit **Crème fraîche** und **Aceto balsamico** verfeinern, mit den gerösteten **Kürbiskernen** garnieren und servieren.

Feurige Bohnensuppe

Für 4 Portionen

250 g getrocknete, schwarze Bohnen
1 Zwiebel
1 Knoblauchzehe
1/2 Staudensellerie
2 Möhren
1/2 Chilischote
250 g geräucherter Bauchspeck
1/2 El gemahlener Kreuzkümmel
1/2 Tl Kardamom
1 Tl Chilipulver
175 ml Weißwein
750 ml Gemüsebrühe
Salz, Pfeffer
Sherryessig
2 El Orangensaft

Zubereitungszeit 30 Minuten
(plus Einweich-, Schmor- und Garzeit)
Pro Portion ca. 176 kcal/739 kJ
14 g E * 6 g F * 8 g KH

Die **Bohnen** über Nacht in reichlich Wasser einweichen. Dann abgießen und abspülen. Die **Zwiebel** und den **Knoblauch** schälen und fein hacken. Den **Staudensellerie** putzen, waschen und klein schneiden. Die **Möhren** schälen und in Scheiben schneiden, die **Chilischote** putzen, waschen und fein hacken.

Den **Bauchspeck** in Würfel schneiden und in einer Pfanne ausbraten. Dann herausnehmen und auf Küchenpapier abtropfen lassen. Im **Speckfett** die **Zwiebel** und den **Knoblauch** andünsten, dann das übrige **Gemüse** und die **Chilischote** zugeben und etwa 5 Minuten mitdünsten.

Die **Gewürze** einrühren, den **Wein** angießen und etwas einkochen lassen. Dann die **Bohnen** und die **Brühe** hinzufügen, aufkochen und abgedeckt etwa 1 Stunde 30 Minuten garen. Den Schaum abschöpfen. Die Suppe mit **Sherryessig** und **Orangensaft** abschmecken.

Andalusische Gazpacho

Die **Brotscheiben** entrinden und 5-10 Minuten in kaltem Wasser einweichen, anschließend ausdrücken. Die **Tomaten** mit kochendem Wasser überbrühen, anschließend schälen und entkernen, zwei Tomaten für die Einlage beiseite legen. Den **Knoblauch** schälen. Die **Frühlingszwiebel** putzen, waschen und klein hacken. **Tomaten, Knoblauch** und **Zwiebeln** mit dem **Öl**, etwas **Salz, Pfeffer,** dem **Wasser, Weißbrot, Rosenpaprika, Kreuzkümmel** und **Basilikum** in einem Mixer zu einer glatten Creme verarbeiten. Anschließend durch ein Sieb streichen, mit **Essig** abschmecken und mehrere Stunden kalt stellen.

Vor dem Servieren die **Gurke** putzen, waschen, schälen und fein würfeln. Die **Paprikaschote** putzen, waschen, halbieren, den Stielansatz entfernen, entkernen und klein würfeln. Die **Tomaten** fein würfeln. Die **Zwiebeln** schälen, fein hacken und mit den **Gemüsewürfeln** vermischen. Das **Gemüse** anrichten und die eiskalte Suppe dazu servieren.

Für 4 Portionen

2 dicke Scheiben altbackenes Weißbrot

500 g reife Tomaten

4 Knoblauchzehen

1 kleine Frühlingszwiebel

2 El Olivenöl

Meersalz

frisch gemahlener schwarzer Pfeffer

250 ml eiskaltes Wasser

1 Tl Rosenpaprika

1/2 Tl gemahlener Kreuzkümmel

2 El frische Basilikumblätter

1–2 El Weinessig

1 kleine Gurke

1 rote Paprikaschote

2 gehäutete Tomaten

2 Zwiebeln

Zubereitungszeit 20 Minuten
(plus Kühlzeit)
Pro Portion ca. 149 kcal/626 kJ
4 g E * 7 g F * 17 g KH

Hühner-Lauch-Suppe
mit Pflaumen

Das **Huhn** waschen und halbieren. Den **Lauch** putzen, waschen und fein hacken. Das Huhn mit dem Wasser in einen Topf geben, **Lauch**, **Lorbeer**, **Thymian** und das **Salz** hinzufügen. Die **Petersilie** waschen, trockenschütteln, bis auf vier Stängel ebenfalls hinzufügen und alles langsam zum Kochen bringen.

Die Hitze reduzieren und offen etwa 1 1/2 Stunden köcheln lassen. Den Schaum immer wieder abschöpfen. Anschließend Lorbeerblatt und Petersilie entfernen, das Huhn vorsichtig herausnehmen und etwas abkühlen lassen. Die Brühe durch ein feines Sieb gießen und wieder erhitzen. Die Haut und die Knochen vom Huhn entfernen, das Fleisch grob zerteilen.

Das Fleisch zusammen mit dem **Pfeffer** und den **Pflaumen** zur Brühe geben und unter Rühren erhitzen. Die restliche Petersilie fein hacken. Die Suppe abschmecken und mit Petersilie bestreut servieren.

Für 4 Portionen

1 Suppenhuhn (1,5 kg)
2 Stangen Lauch
1,5 l Wasser
1 Lorbeerblatt
1 Tl frische Thymianblätter
2 Tl Salz
1 Bund glatte Petersilie
1 Tl zerdrückte schwarze Pfefferkörner
16 entsteinte Trockenpflaumen

Zubereitungszeit 20 Minuten (plus Kochzeit)
Pro Portion ca. 443 kcal/1859 kJ
31 g E * 31 g F * 10 g KH

Pikantes für den gemütlichen Shaun-Abend

Die **Tomaten** gut waschen, heiß überbrühen, von Stielansätzen, Kernen und Häuten befreien und fein hacken. Die **Frühlingszwiebeln** putzen, waschen und fein hacken. Die **Paprika** putzen, waschen, entkernen und ebenfalls hacken.

Die **Korianderstiele** waschen, trockenschütteln und die Blättchen von den Stielen zupfen, dann hacken. Die **Peperoni** abtropfen lassen und in der Küchenmaschine zerkleinern.

Alle Gemüsesorten mit den **Gewürzen** und dem **Essig** mischen und über Nacht ziehen lassen. Dann als Beilage zu Fleisch- und Fischgerichten servieren.

Salsa aus frischen Tomaten

Für 4 Portionen

450 g Tomaten

1/2 Bund Frühlingszwiebeln

1 grüne Paprikaschote

6 Stiele frischer Koriander

2 Peperoni aus dem Glas

Salz

1 Prise Zucker

1 Tl Senfmehl

1 El Weißweinessig

Zubereitungszeit 30 Minuten
(plus Zeit zum Durchziehen)
Pro Portion ca. 40 kcal/168 kJ
1 g E * 1 g F * 5 g KH

Crostini mit schwarzen Trüffeln

Den Backofen auf 250 °C (Umluft 220 °C) vorheizen. Den **Knoblauch** schälen und mit den **Pfefferkörnern** zu einer Paste zerreiben. Die **Leber** von allen Häutchen befreien, waschen und abtrocknen. Die **Trüffel** dünn schälen. Anschließend die **Leber** und die **Trüffel** fein würfeln. 3 Esslöffel **Olivenöl** erhitzen, die **Leber-** und **Trüffelwürfel** darin etwa 5 Minuten braten, vorsichtig umrühren. Die **Knoblauch-Pfeffer-Paste** hinzugeben und 2 Minuten weiter garen. Den **Weinbrand** mit dem **Zitronensaft** zugießen und mit **Salz** und **Pfeffer** abschmecken. Die Brotscheiben mit dem restlichen **Öl** bestreichen und im vorgeheizten Backofen goldbraun rösten. Die **Leber-Trüffel-Mischung** gleichmäßig darauf verteilen. Die **Brotscheiben** sofort in kleine Häppchen schneiden und warm servieren. Sollten Sie kein **Ciabatta** bekommen, nehmen Sie anderes italienisches Brot.

Für 4 Portionen

2 Knoblauchzehen

2 Tl grüne Pfefferkörner

200 g Hühnerleber

30 g Sommertrüffel oder schwarze Trüffel

4 El Olivenöl extra vergine

1 Tl Weinbrand

Saft von 1/2 Zitrone

Salz

frisch gemahlener Pfeffer

4 große Scheiben Ciabatta

Zubereitungszeit 20 Minuten
Pro Portion ca. 260 kcal/1092 kJ
13 g E * 12 g F * 25 g KH

Tortilla mit Zucchini und Champignons

Die **Kartoffeln** waschen und mit Schale 20 Minuten in Salzwasser kochen. Inzwischen die **Zucchini** und die **Champignons** putzen. Die Champignons sauber bürsten, in Scheiben schneiden und mit dem **Zitronensaft** beträufeln. Die Zucchini waschen, vom Blütenansatz befreien und in Scheiben schneiden. Die **Kartoffeln** etwas abkühlen lassen und würfeln. In heißem **Öl** in einer Pfanne etwa 10 Minuten braten. Die **Zwiebeln** schälen und in Ringe schneiden. Die Zucchini- und Champignonscheiben hinzufügen und 5 Minuten weiter braten. Die **Eier** mit **Milch**, **Salz** und **Pfeffer** verrühren. Das **Gemüse** salzen und pfeffern, dann mit der **Salami** belegen, die Eiermilch darüber gießen und 5 Minuten stocken lassen. Mit Hilfe eines großen Tellers wenden und die andere Seite goldgelb backen. Innen soll die Tortilla noch weich sein. Mit **Petersilie** garniert servieren.

Für 4 Portionen

200 g Kartoffeln

Salz

200 g Zucchini

150 g Champignons

1/2 El Zitronensaft

3 El Öl

2 Zwiebeln

4 Eier

4 El Milch

frisch gemahlener Pfeffer

30 g Salami in dünnen Scheiben

3 El gehackte Petersilie

Zubereitungszeit 15 Minuten
(plus Backzeit)
Pro Portion ca. 268 kcal/1124 kJ
13 g E ✱ 19 g F ✱ 12 g KH

Den Backofen auf 175 °C (Umluft 150 °C) vorheizen. Das **Gemüse** und die **Kartoffeln** putzen, waschen und würfeln oder in Streifen schneiden. Ein Backblech mit Backpapier auslegen und das **Gemüse** darauf verteilen. Alles mit reichlich **Olivenöl** beträufeln und mit **Meersalz** bestreuen. Im vorgeheizten Backofen etwa 40 Minuten backen.

Anschließend das **Gemüse** in eine hohe beschichtete kleine Pfanne geben. Die **Eier** mit der **Sahne**, dem **Käse**, dem **Basilikum**, **Pfeffer** und **Piri-Piri** verquirlen und über das **Gemüse** gießen. Bei geringer Hitze alles etwa 8–10 Minuten stocken lassen.

Inzwischen den Grill vorheizen. Die Pfanne unter den Grill schieben und etwa 2 Minuten goldbraun grillen. Die **Tortillas** herausnehmen, etwa 5 Minuten abkühlen lassen und aus der Form lösen. Anschließend in Streifen oder mundgerechte Würfel schneiden und warm oder kalt servieren.

Tortillas mit gebratenem Gemüse

Für 4 Portionen

400 g gemischtes Gemüse (z.B. Auberginen, Pilze oder Kürbis)

1 rote Paprikaschote

1 Zucchini

4 kleine Kartoffeln

Olivenöl

grobes Meersalz

6 Eier

250 g Sahne

60 g frisch geriebener Parmesan

2 El Basilikum in Streifen

frisch gemahlener schwarzer Pfeffer

1 TL Piri-Piri

Zubereitungszeit 30 Minuten
(plus Back- und Bratzeit)
Pro Portion ca. 480 kcal/2016 kJ
21 g E * 41 g F * 9 g KH

Marinierter Ziegenkäse mit Paprika

Paprikaschoten putzen, waschen, halbieren und entkernen, anschließend flach drücken. Mit der Hautseite nach oben so lange unter dem Grill rösten, bis die Haut schwarz wird. Herausnehmen und unter einem feuchten Tuch etwas abkühlen lassen. Die Haut abziehen, das Fruchtfleisch in Rauten schneiden.

Den **Knoblauch** und die **Zitrone** schälen, **Knoblauchzehen** halbieren und die **Zitrone** in Scheiben schneiden. Mit Paprikastückchen und Rosmarin vermischen. Den **Pfeffer** grob zerstoßen. Die **Ziegenkäse** darin wälzen, gut andrücken und ebenfalls hinzugeben. Alles mit so viel **Olivenöl** begießen, dass der **Käse** fast bedeckt ist. Zugedeckt zwei Tage im Kühlschrank marinieren, zwischendurch wenden. Die Paprikastückchen mit etwas vom **Öl** anrichten. Die **Ziegenkäse** 30 Sekunden lang in der Mikrowelle erwärmen, darauf anrichten und mit knusprigem **Brot** servieren.

Für 4 Portionen

1 kleine gelbe Paprikaschote

1 kleine rote Paprikaschote

2 Knoblauchzehen

1 Zitrone

1 El Rosmarinnadeln

1 El schwarze Pfefferkörner

4 kleine spanische Ziegenkäse, ersatzweise französische, z.B. Crottin de Chavignol

ca. 175 ml Olivenöl extra vergine

Zubereitungszeit 15 Minuten
(plus Grill- und Ruhezeit)
Pro Portion ca. 213 kcal/894 kJ
11 g E * 15 g F * 6 g KH

Teigtaschen mit Lamm und Ei

Das **Hackfleisch** in eine Schüssel geben. Die **Zwiebeln** schälen und fein würfeln. Die **Petersilie** waschen, trockenschütteln und fein hacken. **Zwiebeln** und **Petersilie** zu dem **Hackfleisch** geben, kräftig salzen und pfeffern, **Paprikapulver** zugeben und miteinander verkneten. Die Fleischmasse in 2 Esslöffeln **Öl** braten, bis das Fleisch nicht mehr rosa ist. Vom Herd nehmen, den **Parmesan** darunter rühren und abkühlen lassen. Den **Teig** ausbreiten und acht Quadrate mit etwa 15 cm Kantenlänge ausschneiden. Jeweils auf eine Ecke des Teigquadrates 1 gehäuften Esslöffel der Farce geben.

Eine Vertiefung hineindrücken und je 1 **Eigelb** darauf setzen. Den Teig darüber zum Dreieck falten und die Teigkanten mit **Eiweiß** bestreichen und gut andrücken. Das restliche **Öl** in einer Pfanne erhitzen und die **Teigtaschen** mit der Naht nach unten hineingeben. Von jeder Seite etwa 5 Minuten goldbraun backen. Abtropfen lassen und sofort heiß servieren.

Für 4 Portionen

500 g Gehacktes vom Lamm

2 Zwiebeln

1 Bund Petersilie

Salz

1 TL Rosenpaprika

Pfeffer

12 El Olivenöl extra vergine

4 EL frisch geriebener Parmesan

400 g Brikteig (Strudelteig),

ersatzweise Blätterteig

8 Eigelbe, hart gekocht

2 Eiweiß

Zubereitungszeit 20 Minuten
(plus Brat- und Bckzeit)
Pro Portion ca. 935 kcal/3927 kJ
52 g E * 68 g F * 31 g KH

Die **Weinblätter** mit kochendem Wasser überbrühen und 1 Minute ziehen lassen, abtropfen und abkühlen lassen. Die **Zwiebeln** und **Schalotten** schälen, fein hacken und in dem **Öl** andünsten. Den **Dill** und den **Reis** darunter mischen.

Jeweils 1 Esslöffel der Masse auf 1 **Weinblatt** legen und aufrollen. Die restlichen **Weinblätter** auf den Boden eines Topfes legen und die **Dolmades** darauf schichten. Mit einem Teller bedecken.

Den **Zitronensaft** mit so viel Wasser hinzugeben bis die Röllchen bedeckt sind. Alles aufkochen und zugedeckt etwa 45 Minuten garen, bis die Flüssigkeit aufgenommen und der Reis gar ist. Abkühlen lassen und mit **Zitronenscheiben** garniert servieren.

Für 4 Portionen

50–60 Weinblätter
7–8 Zwiebeln
3–4 Schalotten
200 ml Olivenöl
1 Bund Dill, fein gehackt
250 g Reis
Saft von 1–2 Zitronen
Zitronenscheiben zum Garnieren

Zubereitungszeit 25 Minuten (plus Kochzeit)
Pro Portion ca. 353 kcal/1481 kJ
6 g E • 11 g F • 57 g KH

Dolmades

Linsenbällchen mit Tsatsiki

Die **roten Linsen** mit dem Wasser aufkochen, den **Bulgur** darunter rühren und etwa 20 Minuten quellen lassen. Inzwischen die **Zwiebeln** schälen und fein gehackt in 1 Esslöffel heißem **Olivenöl** bräunen.

Zwiebeln, Paprika- und Tomatenmark, gehackte **Frühlingszwiebeln** und **Petersilie** mit **Salz, Paprika** und **Kreuzkümmel** unter die vorbereitete **Linsen-Bulgur-Masse** mischen. Die Masse kräftig, am besten mit den Händen, durchkneten. Mit nassen Händen kleine Bällchen formen. Diese in 1 Esslöffel **Öl** goldbraun braten, auf Küchenpapier abtropfen und abkühlen lassen.

Die **Salatgurke** waschen, grob raspeln und in einem Sieb gut abtropfen lassen. Inzwischen den **Quark** mit dem Joghurt und dem restlichem **Olivenöl** verrühren. Den **Knoblauch** schälen und dazupressen. Die abgetropften **Gurkenaspeln** hinzugeben und darunter rühren. Alles mit **Salz** pikant abschmecken. Den **Dill** waschen, trockenschütteln und das **Tsatsiki** damit bestreuen. Mindestens 30 Minuten im Kühlschrank durchziehen lassen. Gut durchgekühlt zu den Linsenbällchen servieren. Die **Linsenbällchen** schmecken auch warm mit einem pikanten **Dip** aus klein gewürfelten **Tomaten, Essiggurken** und viel gehackter **Petersilie.**

Für 4 Portionen

200 g rote Linsen

ca. 600 ml Wasser

150 g Bulgur (fein gemahlene Weizengrütze)

2 Zwiebeln, 3 El Olivenöl

1 El Paprikamark

1 El Tomatenmark

1 Bund klein gehackte Frühlingszwiebeln

etwas gehackte Petersilie

Salz

2 Tl Paprikapulver

2 Tl Kreuzkümmel

1 kleine Salatgurke (ca. 175 g)

250 g Speisequark (20 % Fettgehalt)

200 g griechischer Joghurt

2–3 Knoblauchzehen

Dillspitzen

Zubereitungszeit 30 Minuten
(plus Gar- und Bratzeit)
Pro Portion ca. 473 kcal/1985 kJ
27 g E * 13 g F * 61 g KH

Scha(r)fe Salate

Gegrillter Tomatensalat

Für 4 Portionen

500 g feste Tomaten
2 rote Paprikaschoten
1 rote Zwiebel
2 Knoblauchzehen
6 El Olivenöl
2 El milder Rotweinessig
Salz
Pfeffer
1 El frisch gehackter Koriander

Zubereitungszeit ca. 20 Minuten
(plus Zeit zum Grillen und Durchziehen)
Pro Portion ca. 206 kcal/865 kJ
2 g E * 18 g F * 6 g KH

Tomaten und **Paprikaschoten** waschen, von den Stielansätzen befreien, putzen und trocknen. Das **Gemüse** im Ofen so lange unter den heißen Grill legen, bis die Haut schwarz wird und Blasen wirft. Gemüse leicht abkühlen lassen, dann die Haut abziehen. Die Tomaten in Scheiben schneiden, die Paprikaschoten von Kernen und weißen Innenhäuten befreien und in dünne Streifen schneiden. Die **Zwiebel** schälen und würfeln. Die **Knoblauchzehen** schälen und fein hacken.

Öl, **Essig**, **Salz** und **Pfeffer** zu einem Dressing verrühren und mit der Zwiebel und dem Knoblauch in einer Schüssel mischen. Das Gemüse hinzufügen, gut mischen und den **Koriander** unterheben. Den Salat mindestens 60 Minuten ziehen lassen. Mit **Brot** oder **Brötchen** servieren.

Für 4 Portionen

450 g grüner Spargel

220 g Zuckererbsen

Salz

400 g Mesclun (Salatmischung aus Blattsalaten)

4 Tomaten

1 hart gekochtes Ei

1/2 Zwiebel

2 Piri-Piri-Schoten

1/2 grüne Paprikaschote

6 El Mayonnaise

1/2 Tl Worcestersauce

1 El Chilisauce

1/2 Tl frisch geriebener Meerrettich

1/2 Tl Senfpulver

2 El frische Schnittlauchröllchen

Zubereitungszeit 20 Minuten
(plus Zeit zum Blanchieren)
Pro Portion ca. 231 kcal/971 kJ
10 g E * 15 g F * 14 g KH

Frühlingssalat

Den **Spargel** putzen, die holzigen Enden abschneiden, das untere Drittel schälen und den **Spargel** in Stücke schneiden. Die **Zuckererbsen** waschen. In einem Topf Wasser mit etwas **Salz** zum Kochen bringen und die **Spargelstücke** mit den **Zuckererbsen** darin etwa 5 Minuten blanchieren. Abgießen und abtropfen lassen. Die **Salate** waschen und trockenschleudern. Die **Tomaten** waschen, von den Stielansätzen befreien und achteln. Alle Salatzutaten in eine Schüssel geben. Das **Ei** pellen, die **Zwiebel** schälen, die **Piri-Piri-Schote** und die **Paprika** putzen, waschen und entkernen. **Ei, Paprika, Zwiebel** und **Piri-Piri-Schoten** klein schneiden und mit den restlichen Zutaten im Mixer pürieren. Über den **Salat** gießen und mit **Schnittlauch** bestreut servieren.

Für 4 Portionen

- 2 Chilischoten
- 2 El Mayonnaise
- 2 El saure Sahne
- 1 El Senf
- 3 El Zitronensaft
- 1/2 Tl Salz
- 600 g Weißkohl
- 1/2 frische Ananas
- 1/2 Bund Frühlingszwiebeln

Zubereitungszeit 20 Minuten
(plus Zeit zum Durchziehen)
Pro Portion ca. 107 kcal/449 kJ
2 g E * 5 g F * 12 g KH

Die **Chilischoten** putzen, waschen, entkernen und klein hacken. In einer Schüssel mit der **Mayonnaise**, saurer **Sahne**, **Senf** und **Zitronensaft** mischen und salzen. Den **Kohl** putzen, vierteln, waschen, den Strunk und dicke Blattenden entfernen. Die Kohlblätter in dünne Streifen schneiden oder hobeln. Die **Ananas** schälen, Mittelstrunk entfernen und das Fruchtfleisch in Scheiben schneiden. Die Scheiben würfeln. Den Kohl und die Ananas zur Salatsauce geben und gut durchmischen. Den **Salat** mindestens 1 Stunde durchziehen lassen. Die **Frühlingszwiebeln** putzen, waschen und in dünne Ringe schneiden. Über dem Salat verteilen und servieren.

Scharfer Kohlsalat
mit Ananas

Als günstiges und gesundes Gemüse ist Kohl auf der ganzen Welt beliebt – und Kohlrezepte aus der ganzen Welt finden sich auch in der deutschen Küche wieder. Colcannon, ein Gericht aus Kohl und Kartoffeln, ist z.B. irischen Ursprungs, und das scharfe koreanische Kim Chi hat bei diesem Salat Pate gestanden.

Bohnensalat

Die **Bohnen** und die **Kichererbsen** in ein Sieb geben und gut abtropfen lassen. **Essig**, eingelegte **Chilischoten**, **Eigelb** und **Kreuzkümmel** mit **Salz** in den Mixer geben. Den **Knoblauch** schälen, klein schneiden und dazugeben.

Die Zutaten im Mixer pürieren und bei laufendem Motor nach und nach die beiden **Öle** zugießen, weiter pürieren, bis ein sämiges Dressing entsteht.

Die Bohnen in eine Schüssel geben und das Dressing darüber gießen. Die **Frühlingszwiebeln** putzen, waschen und in Ringe schneiden. Über dem Salat verteilen und servieren.

Für 4 Portionen

150 g schwarze Bohnen (Dose)
150 g Kicherbsen (Dose)
150 g Wachtelbohnen (Dose)
80 ml Aceto balsamico
3 eingelegte Chilischoten
1 Eigelb
1 El gemahlener Kreuzkümmel
1 Tl Salz
2 Knoblauchzehen
100 ml Rapsöl
100 ml Olivenöl
1/2 Bund Frühlingszwiebeln

Zubereitungszeit 15 Minuten
Pro Portion ca. 353 kcal/1480 kJ
8 g E ✱ 28 g F ✱ 17 g KH

Für 4 Portionen

350 g Artischockenböden aus der Dose
400 g Romana-Salat
5 Eiertomaten
100 g gehobelter Parmesan
1/4 Bund Dill
1/4 Bund Petersilie
2 getrocknete Tomaten in Öl
2 Knoblauchzehen
1 El Kapern
6 schwarze Oliven ohne Stein
2 El Aceto balsamico
75 ml Olivenöl
1 Prise Zucker
Pfeffer
20 g Trüffel aus dem Glas

Zubereitungszeit ca. 20 Minuten
Pro Portion ca. 244 kcal/1024 kJ
5 g E * 22 g F * 8 g KH

Die **Artischockenböden** in einem Sieb abtropfen lassen und in Stücke schneiden. Den **Romana-Salat** putzen, waschen, trockenschleudern und in Stücke zupfen. Die **Tomaten** putzen, waschen, halbieren und in schmale Spalten schneiden.

Den **Parmesan** mit den Salatzutaten in eine Schüssel geben und alles mischen. Die **Kräuter** waschen, trocknen und fein hacken. Die Kräuter mit den Tomaten, den geschälten **Knoblauchzehen**, **Kapern** und **Oliven** im Mixer pürieren. **Aceto** und **Öl** dazugeben und zu einer glatten Paste verrühren. Mit **Zucker** und **Pfeffer** abschmecken.

Den **Trüffel** in dünne Scheiben schneiden. Die Salatzutaten auf Tellern anrichten und mit der Sauce beträufeln. Mit **Trüffelscheiben** garniert servieren.

Artischockensalat

Basilikumsalat mit Zuckerschoten

Die **Zuckerschoten** putzen und 2 Minuten in etwas kochendem Salzwasser blanchieren. Die **Möhren** putzen, waschen, schälen und in dünne Scheiben schneiden.

Die **Pinienkerne** in einer Pfanne ohne Fett goldbraun rösten. **Basilikum** waschen, trocknen und Blätter abzupfen.

Für die **Vinaigrette** den **Knoblauch** schälen und durch die Presse drücken. Mit **Balsamessig**, **Salz**, **Pfeffer** und 1 Prise **Zucker** verrühren. Das **Öl** unterrühren.

Die vorbereiteten Zutaten mit der Vinaigrette vermengen und auf Tellern anrichten. Mit **Baguette** servieren.

Für 4 Portionen

300 g Zuckerschoten

Salz

schwarzer Pfeffer

300 g Möhren

25 g Pinienkerne

2 große Bund Basilikum

2 Knoblauchzehen

2 El Aceto balsamico

Zucker

6 El Olivenöl

Zubereitungszeit ca. 30 Minuten
Pro Portion ca. 213 kcal/890 kJ
4 g E * 18 g F * 9 g KH

Zucchinisalat mit Rosinen

Aus **Sherry**, **Essig**, **Öl**, **Senf**, **Salz** und **Pfeffer** ein Dressing rühren. Die **Rosinen** heiß waschen, den **Käse** zerbröckeln und die **Oliven** in Scheiben schneiden. Alles mit dem Dressing vermischen.

Die **Zucchini** waschen, trocknen, putzen, vierteln und in Scheiben schneiden. **Lollo Rosso** in Blätter teilen, eine Platte damit auslegen. Zucchinisalat darauf verteilen und die Salatsauce darübergeben. Mit **Oreganoblättchen** garniert servieren.

Für 4 Portionen

2 El Sherry

2 El Sherry-Essig

4 El Olivenöl

1 Tl Senf

Salz

Pfeffer

100 g Rosinen

150 g Schafskäse

200 g schwarze Oliven ohne Stein

500 g Zucchini

1 Lollo Rosso

1 El frische Oreganoblättchen

Zubereitungszeit: ca. 20 Minuten
Pro Portion ca. 388 kcal/1630 kJ
10 g E * 28 g F * 22 g KH

Leckeres aus dem Gemüsegarten

Linsenpüree

Für 4 Portionen

1/2 Tl Kurkuma

2 getrocknete Piri-Piri-Schoten

1 1/2 cm frischer Ingwer

2 Knoblauchzehen

1 Zwiebel

1 El Butterschmalz

1 Tomate

1 Tl Currypulver

1 El Schmand

frisch gehackter Koriander

Zubereitungszeit 50 Minuten
(plus Gar- und Schmorzeit)
Pro Portion ca. 185 kcal/777 kJ
11 g E * 5 g F * 24 g KH

Die **Linsen** abspülen und in einem Sieb abtropfen lassen. In einem Topf 500 ml Wasser mit **Salz, Kurkuma,** den getrockneten **Piri-Piris** und den **Linsen** zum Kochen bringen. Bei geringer Temperatur etwa 12 Minuten köcheln. Entstehenden Schaum und oben schwimmende Linsenpartikel abschöpfen.

Ingwer, Knoblauch und **Zwiebel** schälen und fein hacken. Das **Butterschmalz** in einer Pfanne erhitzen und **Ingwer, Knoblauch** und **Zwiebel** darin etwa 3 Minuten andünsten. Die **Tomate** waschen, vom Stielansatz befreien und würfeln. **Tomatenwürfel** in die Pfanne geben, **Curry** unterrühren und die Mischung etwa 3 Minuten schmoren.

Das überschüssige Wasser von den **Linsen** abgießen, dann die Pfannenmischung unterrühren. Mit Salz abschmecken und weitere 2 Minuten köcheln. Den **Schmand** hinzufügen und das **Linsenpüree** mit **Koriander** bestreut servieren.

Kartoffeln mit Tomaten

Die **Kartoffeln** waschen und mit Schale in wenig gesalzenem Wasser etwa 15 Minuten garen. Dann abgießen und ausdämpfen lassen. **Kartoffeln** pellen und in Scheiben schneiden.

Die **Tomaten** mit kochendem Wasser übergießen, von Stielansatz, Häuten und Kernen befreien und in Spalten schneiden. Die **Petersilie** waschen, trockenschütteln und hacken.

Den **Knoblauch** schälen und hacken.

Den Backofen auf 200 °C (Umluft 180 °C) vorheizen. Eine feuerfeste Auflaufform einfetten und mit den **Kartoffelscheiben** auslegen.

Mit **Piri-Piri-Sauce** bestreichen. **Petersilie, Knoblauch**, 3 El **Olivenöl** und etwas **Zitronensaft** mischen und zur Hälfte über die **Kartoffelscheiben** gießen. Die **Tomatenscheiben** über die **Kartoffeln** schichten und die restliche Öl-Mischung darüber geben.

Mit restlichem **Öl** beträufeln und mit **Salz** und **Cayennepfeffer** würzen. Den Auflauf im Ofen etwa 40 Minuten backen.

Für 4 Portionen

500 g Kartoffeln

500 g Tomaten

2 El Piri-Piri-Sauce

1 Bund Petersilie

1 Knoblauchzehe

5 El Olivenöl

Zitronensaft

Salz

Cayennepfeffer

Zubereitungszeit 30 Minuten
(plus Gar- und Backzeit)
Pro Portion ca. 142 kcal/596 kJ
4 g E * 3 g F * 23 g KH

Ligurische Zucchiniblüten

Für 4 Portionen

7 Zucchiniblüten
2–3 kleine Zucchini
4 mittelgroße gekochte Kartoffeln
2 Eier
1/2 Bund gehacktes Basilikum
frisch geriebener Parmesan
Majoran, Salz, Pfeffer
1 Zwiebel
2 Paprikaschoten
100 g gewürfelte Mortadella
400 g eingelegte Minipaprika, gefüllt mit Sardellen und Kapern

Zubereitungszeit 30 Minuten
(plus Backzeit)
Pro Portion ca. 220 kcal/922 kJ
20 g E * 8 g F * 16 g KH

Den Backofen auf 250 °C (Umluft 220 °C) vorheizen. Von den Blüten den Stempel und die grünen Deckblätter entfernen, vorsichtig waschen und abtrocknen. Die **Zucchini** putzen und waschen, anschließend reiben und das Wasser herauspressen. Die **Kartoffeln** zerdrücken.

Die **Eier** verquirlen und mit **Kartoffeln, Zucchini, Basilikum** und **Parmesan** vermischen. Mit **Majoran, Salz** und **Pfeffer** würzen, dann die Farce in einen Spritzbeutel füllen.

Die **Zwiebel** schälen, 1 Minute blanchieren, abtropfen und zerteilen. Die **Paprikas** putzen, waschen, vierteln, den Stielansatz entfernen und entkernen.

Blüten, Zwiebel und **Paprika** mit der Farce füllen, die **Mortadella** darüber streuen. In einer gefetteten Auflaufform etwa 30 Minuten backen. Mit den **Minipaprikas** anrichten und servieren.

Gefüllte Paprika

Die **Paprikaschoten** waschen, den Deckel abschneiden und entkernen. Die **Zwiebel** und den **Knoblauch** schälen und fein hacken. Die **Kapern** abtropfen lassen und klein hacken. Die **Oliven** entsteinen. Die **Chilischote** waschen, halbieren und entkernen, anschließend klein würfeln.

Das **Rinderhackfleisch** in dem **Olivenöl** mit den **Zwiebeln, Oliven, Kapern** und **Knoblauch** unter ständigem Rühren anbraten, bis das Fleisch völlig gar ist. Die **Rosinen** mit der gewürfelten **Chilischote** und dem **Tomatenpüree** dazugeben, alles miteinander vermengen und mit **Salz** abschmecken. Offen einkochen, bis die Flüssigkeit fast verdampft ist. Zwischendurch umrühren.

Den Backofen auf 200 °C (Umluft 180 °C) vorheizen. Eine Auflaufform einfetten. Die **Paprikaschoten** mit der heißen Hackfleischmasse füllen und in die Auflaufform legen. Die Deckel auf die **Schoten** setzen. Etwa 100 ml Wasser in die Form gießen und die gefüllten **Paprika** im vorgeheizten Backofen etwa 1 Stunde garen lassen. Heiß oder lauwarm servieren.

Für 4 Portionen

4 lange grüne Paprikaschoten

1 Zwiebel

3 Knoblauchzehen

50 g Kapern

50 g grüne Oliven

1 rote Chilischote

350 g Rinderhackfleisch

1 El Olivenöl

75 g Rosinen

250 ml Tomatenpüree

Salz

Fett für die Form

Zubereitungszeit 20 Minuten
(plus Garzeit)
Pro Portion ca. 463 kcal/1943 kJ
24 g E * 26 g F * 33 g KH

Geröstete Paprikastreifen

Den Backofen auf 180 °C (Umluft 160 °C) vorheizen. Die **Paprikaschoten** putzen, waschen und im Ganzen im vorgeheizten Backofen etwa 30 Minuten rösten. Zwischendurch einmal umdrehen. Die **Paprikaschoten** sind gar, wenn sich die Haut löst, Blasen wirft oder schwarz wird. Die **Paprikaschoten** herausnehmen und für etwa 5 Minuten in einen Gefrierbeutel legen und verschließen.

Anschließend die Haut abziehen, den Stielansatz und die Kerne sorgfältig entfernen. Die **Paprikaschoten** in etwa 3 cm breite Streifen schneiden, den ausfließenden Saft dabei auffangen. Den Paprikasaft wieder hinzufügen und die Paprikastreifen anrichten. Den **Knoblauch** schälen und nur grob zerkleinern, **Paprika** damit bestreuen. Das **Olivenöl** darüber träufeln. Alles mit **Salz** und **Pfeffer** würzen und mit den Kräutern bestreuen. Zum Servieren die **Sardellenfilets** waschen, abtrocknen und darauf anrichten.

Für 4 Portionen

je 2 gelbe und rote Paprikaschoten

3 Knoblauchzehen

6 El Olivenöl

Salz

frisch gemahlener Pfeffer

1/2 Tl frisch gehackter Oregano

2 El gehaktes Basilikum

1–3 Sardellenfilets (Anchovis)

Zubereitungszeit 15 Minuten
(plus Garzeit)
Pro Portion ca. 45 kcal/188 kJ
2 g E ✱ 1 g F ✱ 5 g KH

Von der Hühnerfarm

Breyani Hühnchen

Backofen auf 180 °C (Umluft 160 °C) vorheizen. **Hühnchen** in 10 Portionsteile zerlegen und mit **Salz** und **Pfeffer** einreiben. **Zwiebeln** und **Knoblauch** schälen und klein hacken. In einem Bräter 2–3 El **Öl** erhitzen, **Reis** mit **Zwiebeln** und **Knoblauch** darin glasig dünsten. **Gewürze** dazugeben, die Brühe angießen und 5 Minuten köcheln lasen. **Kartoffeln** schälen, waschen und klein würfeln. **Kartoffeln** zu der Gewürzmischung geben und 5 Minuten weiter köcheln lassen. Restliches **Öl** in einer Pfanne erhitzen, **Fleisch** darin kurz anbraten und zur Reismischung dazugeben. Alles im vorgeheizten Backofen etwa 10 bis 15 Minuten schmoren. Nicht umrühren, wenn notwendig etwas **Brühe** dazugießen. **Tomaten** kreuzweise einritzen, Stielansätze entfernen und mit kochendem Wasser überbrühen. Anschließend häuten und klein gewürfelt zum **Hühnchen** geben. Alles 10 Minuten weiter köcheln. **Joghurt** und **Zitronensaft** unterheben, 5 Minuten ziehen lassen. Nicht mehr kochen lassen.

Für 4 Portionen

- 1 großes Brathühnchen (ca. 2 kg)
- Salz, Pfeffer
- 3 Zwiebeln
- 3 Knoblauchzehen
- 4–5 El Öl
- 200 g Langkornreis
- je 1 Tl Pfefferkörner, Koriander und Kreuzkümmel
- je 1 El Kurkuma und Kardamom
- 1 Stück frischer Ingwer, ca. 2 cm
- 3 Anissterne
- 1 Zimtstange
- 2 getrocknete Piri-Piri-Schoten
- 500 ml Geflügelbrühe
- 150 g Kartoffeln
- 2 Fleischtomaten
- 300 g Natur-Joghurt
- Saft von 1 Zitrone

Zubereitungszeit 30 Minuten (plus Garzeit)
Pro Portion ca. 525 kcal/2205 kJ
37 g E * 18 g F * 51 g KH

Hähnchenschenkel

Für 4 Portionen

12 Hähnchenunterkeulen

1 Stück frischer Ingwer, ca. 3 cm

Saft von 1 Zitrone

250 ml Piri-Piri-Sauce

2 getrocknete Piri-Piri-Schoten

2 Tl brauner Zucker

2 El Sojasauce

1 TL Kurkuma

1/2 Tl frisch gemahlener

schwarzer Pfeffer

Zubereitungszeit 10 Minuten
(plus Marinier- und Bratzeit)
Pro Portion ca. 383 kcal/1607 kJ
32 g E * 19 g F * 20 g KH

Hähnchenunterschenkel waschen, abtrocknen und in einen Gefrierbeutel geben.

Ingwer schälen, fein reiben und mit dem **Zitronensaft** vermischen. Diese Mischung zu den **Hähnchenunterschenkeln** geben und damit vermischen; im Kühlschrank 30 Minuten ziehen lassen.

Inzwischen den Backofen auf 225 °C (Umluft 205 °C) vorheizen. **Piri-Piri-Sauce** mit zerbröselten **Piri-Piri-Schoten, Zucker, Sojasauce, Kurkuma** und **Pfeffer** vermischen.

Hähnchenunterschenkel in die Fettpfanne des Backofens legen und mit der **Chilimischung** bestreichen.

Im Backofen etwa 30 Minuten braten, zwischendurch wenden.

Pollo in padella

Das **Hähnchen** salzen und pfeffern und in 8 Teile zerlegen. Die **Tomaten** heiß überbrühen, von Häuten, Stielansätzen und Kernen befreien und in Achtel schneiden. Die **Zwiebel** schälen und in Ringe schneiden. Das **Öl** in einer Pfanne erhitzen und die Hähnchenteile darin von allen Seiten gut anbraten. Die **Zwiebelringe** zugeben und mitschmoren. Den **Wein** angießen, die **Piri-Piri-Schote** klein schneiden und unterheben.

Die Mischung aufkochen und weiter köcheln, bis der **Wein** fast verkocht ist. Dann die **Tomatenachtel** und die **Kräuter** zugeben.

Das **Hähnchen** abgedeckt etwa 1 Stunde bei mittlerer Temperatur schmoren. Nach etwa 40 Minuten Garzeit den **Pavalone** würfeln und unterrühren. Die **Hähnchenpfanne** nach der Garzeit nochmals abschmecken und servieren.

Für 4 Portionen

1 küchenfertiges Hähnchen, (ca. 1,2 kg)
Salz
Pfeffer
300 g Tomaten
1 Zwiebel
5 El Olivenöl
150 ml trockener Weißwein
1 getrocknete Piri-Piri-Schote
1 El frisch gehackte Petersilie
1 El frisch gehacktes Liebstöckel
1 El frisch gehacktes Basilikum
50 g Pavalone

Zubereitungszeit 30 Minuten
(plus Schmor- und Garzeit)
Pro Portion ca. 853 kcal/3581 kJ
43 g E ✱ 57 g F ✱ 12 g KH

Hühnchen im Topf

Das **Hühnchen** innen und außen mit **Salz** und **Pfeffer** einreiben und mit dem **Senf** einstreichen. Den **Schinken** in einen Schmortopf legen. Das **Hühnchen** darauf setzen. Den Backofen auf 200 °C (Umluft 180 °C) vorheizen.

Die **Tomaten** von Stielansatz, Haut und Kernen befreien und hacken. **Zwiebeln** und **Knoblauchzehen** schälen, **Zwiebeln** ganz lassen, **Knoblauch** in Scheiben schneiden.

Gemüse und **Butter** in Flöckchen zum **Huhn** geben, **Sherry** und **Brandy** angießen. Abgedeckt im Ofen etwa 1 Stunde 50 Minuten schmoren. Dann den Deckel abnehmen und das **Huhn** braun werden lassen. Nach Bedarf **Wein** angießen. Dazu passen **Bratkartoffeln**.

Für 4 Personen

1 Hühnchen (ca. 1,2 kg)

150 g roher oder gekochter Schinken in Scheiben

4 Tomaten

Salz

Pfeffer

2 Tl Senf

10 kleine Zwiebeln (so klein wie möglich)

2 Knoblauchzehen

125 g Butter

350 ml Sherry Amontillado

50 ml Brandy

Rotwein nach Bedarf

Zubereitungszeit 30 Minuten (plus Bratzeit)
Pro Portion ca. 812 kcal/3410 kJ
39 g E * 68 g F * 7 g KH

Geflügelleber mit Feigen-Tapenade

Für die Tapenade die **Feigen** waschen und hacken. Mit 60 ml Wasser und dem **Brandy** in einen Topf geben und etwa 5 Minuten köcheln.

Die **Anchovisfilets** würfeln. Die **Oliven** hacken. Die restlichen Zutaten für die Tapenade zu den **Feigen** geben und alles unter gelegentlichem Rühren weich schmoren.

Die **Hühnerlebern** waschen und trockentupfen. Mit **Mehl** bestreuen, das überschüssige **Mehl** abschütteln. Die **Butter** in einer Pfanne schmelzen und die **Lebern** darin bei hoher Temperatur von beiden Seiten braun braten.

Die **Zwiebel** schälen und hacken. Mit dem **Marsala** zu den Lebern geben und 2 Minuten mitschmoren. Die **Lebern** aus der Pfanne nehmen und auf vorgewärmten Tellern anrichten. Den Bratensaft mit **Himbeeressig** ablöschen und köcheln, bis die Sauce glasig wird.

Die Sauce über die **Lebern** löffeln. Mit **Feigen-Tapenade** und **Rösti** servieren.

Für 4 Portionen

Für die Feigen-Tapenade:

5–6 Feigen

2 El Brandy

3 Anchovisfilets

50 g schwarze Oliven ohne Stein

60 ml Olivenöl, 1 El Kapern

1 El Zitronensaft, 1 El Balsamessig

1 Tl Dijon-Senf, Salz, Pfeffer

16 Hühnerlebern, 4 El Mehl

2 El Butter

1 kleine Zwiebel

2 El Marsala, 2 El Himbeeressig

Zubereitungszeit: ca. 30 Minuten
(plus Schmor- und Bratzeit)
Pro Portion ca. 297 kcal/1247 kJ
14 g E * 20 g F * 14 g KH

Chicken Wings

Die **Hähnchenflügel** waschen, trockentupfen und die Flügelspitzen abschneiden. Für die Marinade die **Butter** schmelzen und mit **Paprikapulver, Tabasco** und **Zitronensaft** mischen. Die Flügel mit der Marinade bestreichen und auf dem Grill unter mehrmaligem Wenden knusprig braten.

Für den **Dip** den Knoblauch schälen und fein hacken. Den **Käse** mit einer Gabel zerdrücken und mit den restlichen Zutaten verrühren. Mit **Pfeffer** und 1 Prise **Zucker** abschmecken. Die **Hähnchenflügel** mit dem **Dip** servieren.

Für 4 Portionen

1 kg Hähnchenflügel

3 El Butter

1 Tl Paprikapulver

je 1 El Tabasco und Zitronensaft

1 Knoblauchzehe

100 g Blauschimmelkäse

50 g Crème fraîche

50 g Mayonnaise

150 g Naturjoghurt

1 El Zitronensaft

Pfeffer

Zucker

Zubereitungszeit 20 Minuten
(plus Zeit zum Frittieren)
Pro Portion ca. 828 kcal/3475 kJ
49 g E ✱ 69 g F ✱ 4 g KH

Fasanentaschen mit Fenchel

Die **Butter** mit dem **Mehl**, 1 Prise **Salz** und 1 Esslöffel eiskaltem Wasser verkneten, dann ruhen lassen. Inzwischen **Zwiebeln** und **Knoblauch** schälen und hacken.

Mit den **Pinienkernen, Salz** und **Pfeffer** in einen Topf geben, fingerhoch Wasser hinzugießen und zugedeckt 5 Minuten dünsten. Mit **Essig** und **Zucker** würzen.

Den **Fenchel** putzen, waschen und in feine Streifen schneiden, mit den **Zwiebeln** vermischen und abkühlen lassen. Das **Fenchelgrün** klein hacken und darunter heben. Das **Filet** waschen, abtrocknen und in Streifen schneiden. **Pilze** und **Sellerie** putzen und klein hacken. Den **Ingwer** schälen und ebenfalls fein hacken.

Alles mit **Salz, Pfeffer** und einem Spritzer **Erdnussöl** vermischen. Den Teig ausrollen und Scheiben von 11 cm Durchmesser ausstechen. Jedes Teigstück mit etwas Füllung belegen, zu Taschen falten und die Ränder andrücken. In heißem **Öl** 5 Minuten braten, herausnehmen und abtropfen lassen. Mit **Salat** und **Kompott** anrichten.

Für 4 Portionen

65 g kalte Butterwürfel

125 g Mehl

Salz

2 Zwiebeln

2 Knoblauchzehen

40 g Pinienkerne

Pfeffer

etwas Weißweinessig

Zucker

1/2 kleine Fenchelknolle

175 g Fasanenbrustfilet

40 g Shiitake-Pilze

40 g Staudensellerie

1 Stück frische Ingwerwurzel (ca. 2 cm)

etwas Erdnussöl

Pflanzenöl zum Braten

Zubereitungszeit 30 Minuten
(plus Bratzeit)
Pro Portion ca. 383 kcal/1607 kJ
17 g E * 22 g F * 29 g KH

Gerichte von der Weide (sorry)

Für 6 Portionen

1 kg Lammschulter
ohne Knochen
4 El Pflanzenöl
1 Piri-Piri-Schote
2 Knoblauchzehen
1/2 El Piri-Piri-Sauce
1 El getrockneter Oregano
1/2 El Kreuzkümmel
Salz
450 g Tomaten
60 g Rosinen
4 Tl Kakaopulver
30 g grüne Oliven
ohne Stein
2 El frisch
gehackter Koriander
2 El Zitronensaft

Zubereitungszeit 30 Minuten
(plus Schmor- und Garzeit)
Pro Portion ca. 333 kcal/1399 kJ
50 g E * 10 g F * 10 g KH

Das **Fleisch** in etwa 1 cm breite Streifen schneiden. Das **Öl** in einem Bräter erhitzen und die Fleischstreifen darin etwa 3 Minuten anbraten.

Die **Piri-Piri-Schote** putzen, waschen, entkernen und klein schneiden. Den **Knoblauch** schälen und fein hacken.

Die Piri-Piri-Schote mit dem Knoblauch, **Piri-Piri-Sauce**, **Oregano**, **Kreuzkümmel** und **Salz** unter das Fleisch rühren und eine weitere Minute mitbraten. Die **Tomaten** vom Stielansatz befreien, waschen und würfeln. Ebenfalls in den Bräter geben und mit der Mischung 2 Minuten schmoren. 250 ml Wasser mit den **Rosinen** und dem **Kakaopulver** hinzufügen und einmal aufkochen lassen. Die Masse abgedeckt bei geringer Temperatur etwa 20 Minuten schmoren. Danach die restlichen Zutaten unterheben. Das **Lammragout** mit **Polenta** oder in **Tacos** gerollt servieren.

Scharfes Lamm-Picadello

Gefüllte Lammkeule mit Artischocken

Die **Artischockenherzen** und die **Tomaten** abtropfen lassen und fein würfeln. Die **Oliven** entsteinen und hacken. Die **Artischockenherzen, Tomaten** und **Oliven** mit dem **Oregano** mischen und mit **Salz** und **Pfeffer** würzen.

Den Backofen auf 200 °C (Umluft 180°C) vorheizen. Die **Lammkeule** in vier Stücke schneiden, waschen und trockentupfen. In jedes Fleischstück eine waagerechte Tasche schneiden. Den **Knoblauch** schälen, halbieren und die Fleischstücke innen und außen damit einreiben. Die Füllung in die Fleischtaschen geben und mit einem Zahnstocher verschließen.

Einen Bräter erhitzen. Die Fleischstücke mit dem **Öl** einreiben und im Bräter von beiden Seiten scharf anbraten. Den Bräter in den Ofen stellen und das **Lammfleisch** 15 bis 20 Minuten garen. Dann aus dem Ofen nehmen und auf einer Platte anrichten. Vor dem Servieren noch einige Minuten ruhen lassen. Mit dem Bratensaft beträufeln.

Die gefüllten **Lammkeulen** mit **Ofenkartoffeln** und grünen **Bohnen** servieren.

Für 4 Portionen

125 g Artischockenherzen aus dem Glas

75 g getrocknete Tomaten in Öl

50 g schwarze Oliven

1 El frisch gehackter Oregano

Salz

Pfeffer

800 g Lammkeule ohne Knochen

1 Knoblauchzehe

2 El Olivenöl

Zubereitungszeit ca. 30 Minuten (plus Garzeit)
Pro Portion ca. 352 kcal/1478 kJ
58 g E * 11 g F * 1 g KH

Für 4 Portionen

600 g Rückenfilet vom Illabo-Lamm
6 Knoblauchzehen
1 Bund Zitronenthymian
625 ml Olivenöl
je 1 rote und gelbe Paprikaschote
Steinsalz, Pfeffer
1 Aubergine
3 Zucchini
3 Kartoffeln
20 schwarze Oliven
100 ml Lammfond

Zubereitungszeit: ca. 40 Minuten
(plus Zeit zum Marinieren, Röst- und Bratzeit)
Pro Portion ca. 665 kcal/2793 kJ
49 g E * 38 g F * 29 g KH

Das **Lammfleisch** von Fett und Sehnen befreien, waschen und trockentupfen und in vier Stücke schneiden. Die **Knoblauchzehen** schälen und hacken. Den **Zitronenthymian** waschen, trockenschütteln und hacken. **Knoblauch, Thymian** und 500 ml Olivenöl in einer Schale vermischen und die Fleischstücke darin wenden. Über Nacht im Kühlschrank durchziehen lassen.

Die **Paprikaschoten** putzen, waschen, entkernen und das Fruchtfleisch vierteln. Mit **Steinsalz** und **Pfeffer** bestreuen und im Ofen bei 180 °C (Umluft 160 °C) etwa 15 Minuten rösten. Die **Aubergine** putzen, waschen und in 1 cm dicke Scheiben schneiden. In 3 El heißem **Olivenöl** von beiden Seiten braten, bis sie weich sind, dann auf Küchenpapier abtropfen lassen und würzen. Die **Zucchini** putzen, waschen und in Scheiben schneiden und halbieren. Im selben **Öl** wie die **Auberginen** braten. Das **Gemüse** beiseite stellen. Die **Kartoffeln** waschen, schälen und daraus Bällchen ausstechen. In kochendem Salzwasser etwa 5 Minuten bissfest garen.

Den Backofen auf 180 °C (Umluft 160 °C) vorheizen. Etwas Lammmarinade in einem Schmortopf erhitzen und die Rückenstücke darin von beiden Seiten scharf anbraten. Im Ofen etwa 12 Minuten weiterbraten, bis sie gar sind. Das Gemüse ebenfalls im Ofen etwa 4 Minuten braten. Die Kartoffelbällchen in etwas heißem Öl knusprig frittieren.

Die **Lammrückenstücke** aufschneiden und mit dem **Gemüse** auf Tellern anrichten. Mit den **Kartoffelbällchen** und **Oliven** umgeben. Den Lammfond erhitzen und darüber träufeln.

Illabo-Lammrücken mit Thymian

Für 4 Portionen

800 g Lammschulter

2 El Sonnenblumenöl

Salz, Pfeffer, 30 g Dijon-Senf

Für die Kräuterkruste:

150 g Focaccia

1/2 Bund frische, gemischte Kräuter (z. B. Minze, Rosmarin, Petersilie)

abgeschälte Schale von je 1 kleinen, unbehandelten Limette und Orange

1 Tl Kapern, 2 Tl Olivenöl

Für das Minzpesto:

30 g frisch gehackte Minzeblätter

100 g frisch geriebener Parmesan

50 g gemahlene Mandeln

100 ml Avocadoöl

1 Spritzer Tabasco

300 ml Balsamessig

100 ml milder Honig

Fett für die Form

Zubereitungszeit ca. 30 Minuten (plus Brat- und Garzeit)
Pro Portion ca. 620 kcal/2604 kJ
68 g E * 21 g F * 36 g KH

Das **Fleisch** von Fett und Sehnen befreien, waschen und trockentupfen und in zwei Stücke schneiden. Das **Öl** in einer Pfanne erhitzen und die Fleischstücke darin von beiden Seiten kurz anbraten. Das Fleisch würzen und die Oberfläche mit **Senf** einreiben. Auf einer vorgewärmten Platte beiseite stellen.

Den Backofen auf 180 °C (Umluft 160 °C) vorheizen. Für die Kräuterkruste das **Brot** in Scheiben schneiden und rösten. Anschließend fein reiben. Die **Kräuter** waschen, trockenschütteln und hacken. Kräuter, geriebenes Brot, **Zitruszesten**, **Kapern**, **Öl** mit **Salz** und **Pfeffer** im Mixer zu einer Paste verrühren. Die Kräuterpaste auf die Fleischscheiben streichen und in einer gefetteten Auflaufform im Ofen etwa 7 Minuten backen.

Alle Zutaten für das Pesto im Mixer zu einer glatten Paste verrühren und mit Salz und **Tabasco** abschmecken. Den **Essig** mit dem **Honig** verrühren. Die Fleischstücke in Scheiben schneiden und auf Teller verteilen. Darauf etwas **Minzpesto** geben und mit dem **Essig-Honig-Gemisch** beträufeln. Dazu **Nudeln** oder **Kartoffelgratin** servieren.

Lammschulter in Kräuterkruste mit Minzpesto

Für 4 Portionen

600 g Lammfilet
3 Knoblauchzehen
200 ml Merlot
20 kleine Kartoffeln
4 Rosmarinzweige
1 TL Rosenpaprika
125 ml Olivenöl
Salz

Für die Minzsalsa:

1/2 Schlangengurke
1/2 rote Zwiebel
50 g frisch gehackte Minze
2 El Rotweinessig
1 Tl Zucker

Zubereitungszeit ca. 30 Minuten
(plus Zeit zum Marinieren, Back- und Bratzeit)
Pro Portion ca. 345 kcal/1449 kJ
46 g E * 5 g F * 21 g KH

Die **Lammfilets** von Fett und Sehnen befreien, waschen, trockentupfen und in eine Schale legen. Die **Knoblauchzehen** schälen und zwei davon zerdrücken. Mit dem **Wein** über das Fleisch geben und etwa 2 Stunden marinieren.

Den Backofen auf 200 °C (Umluft 180 °C) vorheizen. Die **Kartoffeln** gut waschen und trockentupfen. Die letzte **Knoblauchzehe** zerdrücken. Die **Rosmarinnadeln** von den Stängeln zupfen. Die **Kartoffeln** auf ein Backblech legen und mit **Rosmarin, Knoblauch, Salz, Paprika** und **Olivenöl** überziehen. Im Ofen etwa 30 Minuten backen. Für die Salsa die **Gurke** und die **Zwiebel** schälen und fein hacken. Die **Minze** waschen, trockenschütteln und ebenfalls fein hacken. Alle Zutaten für die Salsa mischen und kühl stellen.

Das **Lammfleisch** aus der **Marinade** nehmen, trockentupfen und in einer Pfanne von beiden Seiten 2 bis 3 Minuten braten. Aus der Pfanne nehmen und in Scheiben schneiden. Mit den **Rosmarinkartoffeln** und der **Minzsalsa** servieren. Dazu grünen Salat reichen.

Lammfilets in Minzsalsa

Lammkoteletts mit Maniok

Den **Maniok** waschen und in kochendem Wasser bissfest garen. Dann abgießen, schälen und das Fleisch im Mixer pürieren. Mit **Salz** und **Pfeffer** würzen. Aus dem **Püree** vier Kuchen formen und in 25 g **Butter** goldbraun braten. Warm stellen.

Den Backofen auf 180 °C (Umluft 160 °C) vorheizen. Die **Lammkoteletts** waschen, trockentupfen und mit den **Kräutern** einreiben. Mit **Salz** und **Pfeffer** würzen. Das **Öl** in einer gusseisernen Pfanne erhitzen und die **Lammkoteletts** darin von beiden Seiten anbraten. Im Ofen bis zur gewünschten Garstufe weiterbraten, jedoch nicht länger als 15 Minuten, sonst werden die Koteletts trocken. Die **Zwiebel** schälen und fein hacken. Mit **Estragon, Essig** und **Wein** in einen Topf geben und um ein Drittel einkochen lassen. Die braune Sauce einrühren und aufkochen. Den Topf vom Herd nehmen und die restliche **Butter** in die Sauce rühren. Die Sauce auf Teller verteilen, die **Lammkoteletts** darauf legen. Dazu die **Maniokkuchen** servieren.

Für 4 Portionen

1 Maniok

Salz

Pfeffer

50 g Butter

4 Lammkoteletts (französische Art)

je 2 El frisch gehackter Estragon, Minze und Petersilie

2 El Olivenöl

1 Zwiebel

1 Tl getrockneter Estragon

2 El Estragonessig

125 ml Rotwein

250 ml braune Sauce (Fertigprodukt)

Zubereitungszeit ca. 40 Minuten
(plus Gar-, Brat- und Backzeit)
Pro Portion ca. 527 kcal/2213 kJ
40 g E * 36 g F * 4 g KH

Für 4 Portionen

4 Lammrückenfilets à 200 g
2 Auberginen
1 Zwiebel, geschält und in Ringe geschnitten
2 El Pflanzenöl
150 g Paniermehl
3 Tl Kräutermarinade (siehe unten)
Salz
Pfeffer

Für die Kräutermarinade:

2 geschälte und gehackte Knoblauchzehen
1/2 Tl gehackte Chilischote
1/2 Tl zerstoßene Pfefferkörner
1/2 Tl Sumach
je 3 El frisch gehackte Petersilie und Koriander
1 El frisch gehackte Minze
1 Tl abgeriebene Schale von 1 unbehandelten Zitrone
50 ml Olivenöl

Für die Rotweinsauce:

1 Zwiebel
6 Knoblauchzehen
1 rote Paprikaschote
1 El Olivenöl, 2 Tomaten
100 ml Balsamessig
2 El Portwein
750 ml Cabernet Sauvignon

Zubereitungszeit ca. 30 Minuten
(plus Zeit zum Durchziehen, Koch- und Garzeit)
Pro Portion ca. 357 kcal/1499 kJ
35 g E * 7 g F * 35 g KH

Das **Lammfleisch** waschen, trockentupfen und flach klopfen. Alle Zutaten für die **Kräutermarinade** gut miteinander verrühren.

Die **Auberginen** putzen, waschen und in Scheiben schneiden. Unter dem heißen Grill weich garen. Dann abkühlen lassen und würfeln. Die **Zwiebel** im heißen Fett knusprig frittieren, das **Paniermehl** goldbraun rösten. Die Zutaten mit der **Kräutermarinade** verrühren und mit **Salz** und **Pfeffer** würzen.

Die Lammstücke flach ausbreiten und würzen. Jedes Stück mit Auberginenfüllung belegen und zusammenrollen. Mit Rouladennadeln oder Küchengarn fixieren. Die Rouladen mit der restlichen **Kräutermarinade** bestreichen und über Nacht durchziehen lassen.

Für die Rotweinsauce die Zwiebel und den **Knoblauch** schälen und grob zerkleinern. Die **Paprikaschote** putzen, waschen, entkernen und hacken. Diese Zutaten im heißen **Öl** 2 Minuten andünsten. Die **Tomaten** waschen, von den Stielansätzen befreien und hacken. Mit **Essig**, **Portwein** und **Wein** zum **Zwiebel-Paprika-Gemisch** geben und zur Hälfte einkochen. Die Sauce durch ein Sieb streichen und bis auf 250 ml einkochen. Die **Lammrouladen** in einem Schmortopf gut anbraten. Bei mittlerer Temperatur etwa 25 Minuten abgedeckt im eigenen Saft garen. Anschließend jede **Roulade** in drei Scheiben schneiden. Mit der **Rotweinsauce** servieren.

Kräuter-Lammroulade mit gegrillter Aubergine

Lammschinken mit Rucola

Für 4 Portionen

250 g Illabo-Lammschinken

1 Orange

2 Kiwis

1/2 Bund Rucola

1 El Balsamessig

Olivenöl

Pfeffer

Zubereitungszeit 20 Minuten
Pro Portion ca. 153 kcal/361 kJ
19 g E ∗ 5 g F ∗ 6 g KH

Den **Lammschinken** in Scheiben schneiden. Die **Orange** schälen und filetieren. Die **Kiwis** in Scheiben schneiden. Den **Rucola** waschen und gut trockenschütteln.

Die **Schinkenscheiben** auf vier Teller verteilen. Darauf die Orangenfilets und Kiwischeiben legen.

Den Rucola dekorativ zwischen den Obststücken anrichten und mit **Balsamessig** und **Olivenöl** beträufeln. Mit reichlich **Pfeffer** bestreuen. Dazu frisches **Brot** reichen.

Ham & Co

Sparerips

Die **Spareribs** in einem Topf mit **Brühe** etwa 30 Minuten kochen lassen. Die übrigen Zutaten außer den Zitronen in einer Schüssel vermischen und in einem Topf etwa 15 Minuten köcheln. Die Spareribs aus dem Topf nehmen, trockentupfen und mit **Pfeffer** und **Salz** einreiben und mit etwas Sauce bestreichen.

Auf den Grill legen und bei mittlerer Temperatur etwa 1 Stunde grillen. Nach 30 Minuten wenden und erneut mit Sauce bestreichen. Die **Zitrone** heiß abwaschen und in Scheiben schneiden. Auf die Spareribs legen. Eventuell mit Alufolie abdecken, wenn die Spareribs zu dunkel werden.

Für 4 Portionen

2 kg dicke Schweinerippe (Spareribs)
1 l Brühe
2 Zwiebeln
150 g Pfirsichmarmelade
3 El Ketchup
50 g Zucker
50 ml Essig
30 ml Worcestersauce
1 Tl Paprikapulver
1 Tl Senf
1/2 Tl Tabasco
2 Zitronen
Salz
Pfeffer

Zubereitungszeit 15 Minuten (plus Koch- und Grillzeit)
Pro Portion ca. 875 kcal/3675 kJ
44 g E ✱ 55 g F ✱ 48 g KH

Den Backofen auf 100 °C (Umluft 80 °C) vorheizen. Die **Zwiebeln** schälen und in dünne Ringe schneiden. Das **Fleisch** kalt abwaschen, trockentupfen und von beiden Seiten kräftig mit **Pfeffer** einreiben.

Das **Butterschmalz** in einer großen Pfanne erhitzen und die **Roastbeefscheiben** darin von beiden Seiten kräftig anbraten. **Salzen** und bei etwas geringerer Temperatur noch etwa 4 Minuten braten, dann aus der Pfanne nehmen und abgedeckt im vorgeheizten Ofen warm halten. Die **Butter** in der Pfanne schmelzen und die **Zwiebelringe** darin braun rösten. Ganz leicht mit **Mehl** bestäuben und die **Petersilie** dazugeben, mit **Salz** und **Pfeffer** würzen.

Die Fleischscheiben auf Teller legen und die Zwiebelmischung darauf verteilen. Dazu passen **Röstkartoffeln** und **Salat**.

Zwiebelrostbraten

Für 4 Portionen

4 Zwiebeln

4 Scheiben Roastbeef (ca. 2 cm dick)

Pfeffer

2 El Butterschmalz

Salz

2 El Butter

1 El Mehl

1/2 Bund frisch gehackte Petersilie

Zubereitungszeit ca. 20 Minuten
(plus Brat- und Röstzeit)
Pro Portion ca. 370 kcal/1554 kJ
46 g E * 18 g F * 5 g KH

Boerewors

Für 4 Portionen

500 g Rindfleisch

500 g Lamm- oder Schweinefleisch

200 g Speck

1 Knoblauchzehe

2 El Worcestersauce

3 El Essig

1 Tl Koriandersamen

1/2 Tl Cayennepfeffer

1 El gehackter Thymian

1 Prise Muskat

1 Tl Pfeffer, 1 El Salz

Wursthülle

Das **Rindfleisch** mit dem **Lamm-** oder **Schweinefleisch** und **Speck** durch den Fleischwolf drehen. Die **Knoblauchzehe** schälen, klein hacken und mit den restlichen Zutaten dazugeben. Alles gut vermischen und kräftig abschmecken. Die Masse in eine dünne Wursthülle füllen und fest zu **Würsten** drehen. Die **Würste** 8–10 Minuten auf dem Holzkohlegrill grillen.

Boerewors ist die typische Bauernbratwurst Südafrikas. Sie geht auf die ersten deutschen Siedler zurück, die ihre Kenntnisse der Wurstherstellung mit ins Land brachten. Ursprünglich wurde das Fleisch mit der Hand zerkleinert, denn Fleischwölfe gibt es erst seit dem 19. Jahrhundert. Auch heute wird Boerewors noch selbst gemacht.

Das **Rindfleisch** in mundgerechte Würfel schneiden. Das **Zitronengras** schälen und in Ringe schneiden. Diese mit dem Messer zerdrücken. Die **Chilis** putzen, waschen, entkernen und hacken. Die **Fleischwürfel** in einer Marinade aus Zitronengras, Chilis, den **Gewürzen** und **Nuoc Mam** einlegen und etwa 1 Stunde durchziehen lassen. Die **Zwiebel** und den **Knoblauch** schälen und fein hacken. Das Fleisch aus der Marinade nehmen und abtupfen. 3 El **Öl** in einer tiefen Pfanne oder dem Wok erhitzen und die Fleischwürfel darin unter Rühren etwa 3 Minuten braten. Herausnehmen und warm stellen. Restliches Öl in den Wok geben und Zwiebeln mit Knoblauch darin glasig dünsten. **Tomatenmark** und **Sternanis** einrühren und kurz erhitzen. Etwa 1 l Wasser angießen, das Fleisch hinzufügen und abgedeckt etwa 1 Stunde im Wok köcheln. Abschmecken und mit Reis servieren.

Würziges Rinderragout

Für 4 Portionen

800 g Rindfleisch
2 Stängel Zitronengras
2 rote Chilischoten
2 Tl Zucker
2 El frisch geriebener Ingwer
2 Tl gemahlener Zimt
2 Tl Currypulver
3 El Nuoc Mam
1 Zwiebel
4 Knoblauchzehen
4 El Pflanzenöl
50 g Tomatenmark
3 Sternanis

Zubereitungszeit 30 Minuten
(plus Marinier- und Garzeit)
Pro Portion ca. 392 kcal/1646 kJ
40 g E * 22 g F * 7 g KH

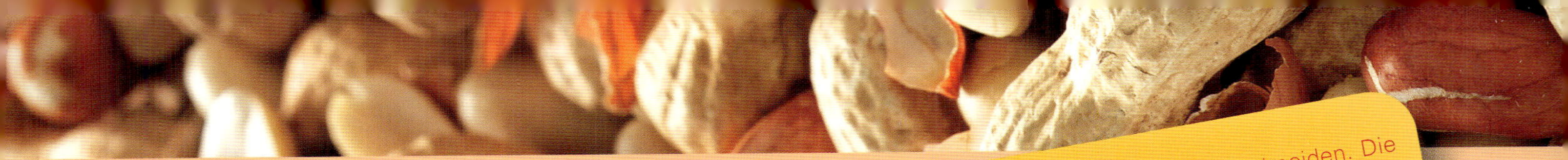

Für 4 Portionen

750 g Schweinefilet
2 Schalotten
2 Knoblauchzehen
2 rote Chilischoten
1 Stängel Zitronengras
4 El Pflanzenöl
1 Prise Kurkuma
250 ml Fleischbrühe
4 El Kokosmilch aus der Dose
1/2 Bund Koriander
2 El gehackte Erdnüsse

Zubereitungszeit 30 Minuten
(plus Schmor- und Bratzeit)
Pro Portion ca. 280 kcal/1176 kJ
45 g E * 9 g F * 2 g KH

Das **Fleisch** in dünne Streifen schneiden. Die **Schalotten** und den **Knoblauch** schälen und hacken. Die **Chilischoten** putzen, waschen, entkernen und in dünne Ringe schneiden. Das **Zitronengras** schälen und in dünne Ringe schneiden, mit dem Messerrücken zerdrücken. Das **Öl** in einer hohen Pfanne oder dem Wok erhitzen und den **Knoblauch** darin braten, bis er duftet. Nun **Fleischstreifen**, **Schalotten**, **Chili**, **Zitronengras**, **Kurkuma** und **Brühe** hinzufügen und unter Rühren braten, die Sauce etwas einkochen lassen.

Die **Kokosmilch** über die Mischung gießen und unterrühren. Den **Koriander** waschen, trockenschütteln und hacken. Das Gericht mit gehackten **Erdnüssen** und **Koriander** bestreut servieren.

Schweinefleisch in Kokossauce

Kokosmilch wird in der asiatischen Küche ähnlich wie Kuhmilch genutzt. Zur Herstellung von Kokosmilch werden ungesüßte Kokosraspel in Wasser, Milch oder Kokoswasser etwa 30 Minuten gekocht und dann auf ein feuchtes Tuch geschüttet. Durch Drehen des Tuches wird die Flüssigkeit aus den Kokosraspeln gepresst, und heraus kommt die Kokosmilch. Bald setzt sich eine cremige Sahne auf der Milch ab, die man abschöpfen oder wieder unter die Kokosmilch rühren kann.

Das **Rinderhack** mit **Haferflocken**, **Ketchup**, **Milch**, **Senf** und **Ei** zu einem Teig vermengen und gut durchkneten.

Mit **Salz**, **Pfeffer** und **Oregano** würzen. Aus dem Teig vier gleich große Fleischklopse formen. Das **Öl** in einer Pfanne erhitzen und die Klopse darin von beiden Seiten gut anbraten, dann bei geringerer Temperatur etwa 7 Minuten garen.

Die **Zwiebel** schälen und in Ringe schneiden. Kurz vor Ende der Garzeit auf die Burger legen und kurz mitgaren.

Die **Brötchen** halbieren und mit **Butter** bestreichen. Dann unter dem Grill rösten. Je Brötchen einen Fleischburger hineinlegen, mit **Zwiebelringen** belegen und mit **Ketchup** servieren. Nach Belieben mit **Tomatenscheiben** und **Salatblättern** dekorieren.

Hamburger

Für 4 Portionen

600 g Rinderhack

50 g Haferflocken

2 El scharfer Ketchup

2 El Milch

1 El Dijonsenf

1 Ei

Rauchsalz, Pfeffer

½ Tl getrockneter Oregano

2 El Öl

1 Zwiebel

4 Hamburger-Brötchen

2 El Butter

Zubereitungszeit 15 Minuten
(plus Bratzeit)
Pro Portion ca. 533 kcal/2237 kJ
37 g E * 28 g F * 34 g KH

Für 4 Portionen

1 Zwiebel
3 Knoblauchzehen
100 g Spinat
1 El Öl
5 El Ketchup
2 El Senf
6 El brauner Zucker
1 kg Rinderhack
75 g Haferflocken
4 Eier
Salz
Pfeffer
8 Scheiben geräucherter Speck
Fett für die Form

Zubereitungszeit 20 Minuten
(plus Schmor- und Bratzeit)
Pro Portion ca. 783 kcal/3287 kJ
63 g E * 47 g F * 29 g KH

Hackbraten mit Speck

Die **Zwiebel** und die **Knoblauchzehen** schälen und fein hacken. Den **Spinat** verlesen, putzen und waschen, in einem Topf unter Rühren zusammenfallen lassen. Aus dem Topf nehmen, abtropfen lassen und hacken. Das **Öl** in einer Pfanne erhitzen und die Zwiebeln mit dem Knoblauch darin glasig dünsten. In eine Schüssel geben und abkühlen lassen. Backofen auf 200 °C (Umluft 180 °C) vorheizen. Die Zwiebelmischung mit **Ketchup**, **Senf** und **Zucker** verrühren und alles mit dem **Hackfleisch**, **Haferflocken**, **Eiern** und **Spinat** zu einem Fleischteig verarbeiten. Mit **Salz** und **Pfeffer** würzen.

Den Fleischteig in eine gefettete Kastenform füllen, die **Speckscheiben** darüber legen. Den Braten mit Alufolie abdecken und im Ofen etwa 45 Minuten backen. 15 Minuten vor Ende der Garzeit die Alufolie entfernen und den Hackbraten knusprig braun werden lassen. Vor dem Servieren kurz abkühlen lassen.

Für 4 Portionen

- 1 Zwiebel
- 2 Knoblauchzehen
- 4 grüne Chilischoten
- 2 El Öl
- 500 g Rinderhack
- 1 El Mehl
- 800 g geschälte Tomaten (Dose)
- 100 ml Fleischbrühe
- Salz
- 450 g Kidneybohnen (Dose)
- gemahlener Koriander
- gemahlener Kreuzkümmel
- Pfeffer

Zubereitungszeit 25 Minuten
(plus Schmor- und Garzeit)
Pro Portion ca. 625 kcal/2625 kJ
54 g E * 23 g F * 50 g KH

Die **Zwiebel** und den **Knoblauch** schälen und fein hacken. Die **Chilischoten** putzen, waschen, von Kernen befreien und hacken.

In einem großen Topf das **Öl** erhitzen und das **Hackfleisch**, die Zwiebel und den Knoblauch darin etwa 10 Minuten gut anbraten. Das **Mehl** darüber stäuben und unterrühren.

Die **Tomaten** mit den **Chilischoten** und der **Brühe** hinzugeben und salzen. Die Mischung etwa 1 Stunde bei geringer Temperatur schmoren. 10 Minuten vor Ende der Garzeit die **Bohnen** miterhitzen. Mit **Koriander**, **Kreuzkümmel**, **Salz** und **Pfeffer** abschmecken.

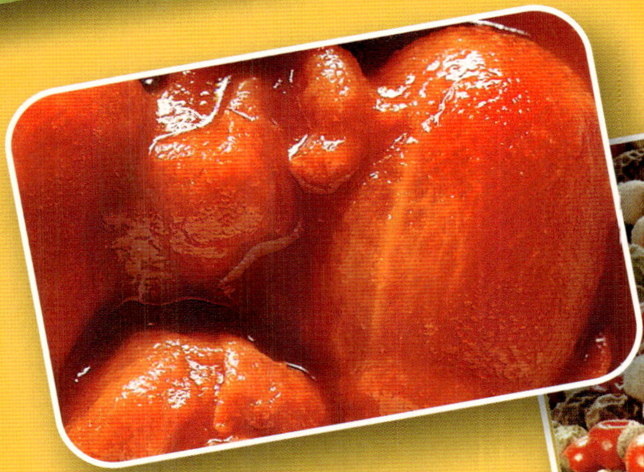

Chili con Carne

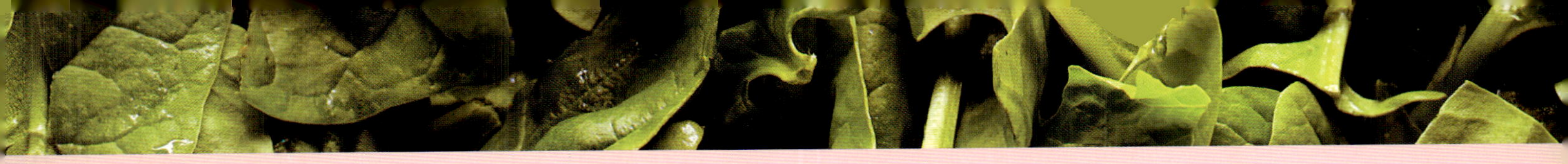

Den **Spinat** verlesen, putzen und waschen. 2 El **Öl** in einem Topf erhitzen und den abgetropften **Spinat** darin kurz andünsten. Mit **Salz** und **Pfeffer** würzen. Den Spinat aus dem Topf nehmen, ausdrücken und fein hacken. Den Backofen auf 180 °C (Umluft 160 °C) vorheizen.

Die **Schalotten** und den **Knoblauch** schälen und fein hacken. Die **Champignons** putzen, feucht abreiben und in Scheiben schneiden.

Das restliche Öl in einer Pfanne erhitzen und die Schalotten mit dem **Knoblauch** und dem **Thymian** darin andünsten. Die Pilze zugeben und mitschmoren. Den **Brandy** angießen, etwas einkochen lassen, dann **Limettensaft** und **Butter** einrühren. Alles mit dem Spinat verrühren. Den **Käse** unterheben und abschmecken. Die **Rouladen** mit der Füllung bestreichen und zusammenrollen. Mit Rouladennadeln oder Küchengarn feststecken bzw. -binden. Im Ofen in einem Bräter etwa 20 Minuten braten, bis das Fleisch weich ist. Die Rouladen in dünne Scheiben (etwa 1,5 cm) schneiden und servieren. Dazu **Kartoffelecken** reichen.

Rinderrouladen

Für 4 Portionen

200 g Blattspinat
4 El Olivenöl
Salz
Pfeffer
2 Schalotten
2 Knoblauchzehen
150 g Champignons
1 Tl getrockneter Thymian
2 El Brandy
Saft von 1/2 Limette
50 g Butter
75 g frisch geriebener Gruyère
2 Rinderrouladen à 250 g

Zubereitungszeit 25 Minuten
(plus Schmor- und Bratzeit)
Pro Portion ca. 295 kcal/1239 kJ
31 g E * 17 g F * 3 g KH

Den Backofen auf 150 °C (Umluft 130 °C) vorheizen. Die **Zwiebeln** schälen und fein hacken. Das **Butterschmalz** in einem Bräter erhitzen und die **Zwiebeln** darin unter Rühren glasig schwitzen. Die **Fleischwürfel** waschen, trockentupfen und in die Pfanne geben. Unter Rühren von allen Seiten anbraten. Das **Tomatenmark** hinzufügen und mitbraten. Mit **Paprika** überstäuben.

Die **Fleischbrühe** angießen und **Kümmel** sowie **Majoran** hinzufügen. Das Gulasch abgedeckt im Ofen etwa 2 Stunden schmoren. 30 Minuten vor Ende der Garzeit die geschälten Knoblauchzehen zum Gulasch geben. Die **Petersilie** unter das Gulasch rühren und mit **Speckknödeln** servieren.

Rindergulasch mit Speckknödeln

Für 4 Portionen

400 g Zwiebeln
40 g Butterschmalz
800 g Rindergulasch
2 El Tomatenmark
2 El Rosenpaprika
1 l Fleischbrühe
1/2 El Kümmel
1/2 El getrockneter Majoran
3 Knoblauchzehen
2 El frisch gehackte Petersilie

Zubereitungszeit ca. 30 Minuten (plus Schmorzeit)
Pro Portion ca. 447 kcal/1877 kJ
41 g E ✱ 28 g F ✱ 7 g KH

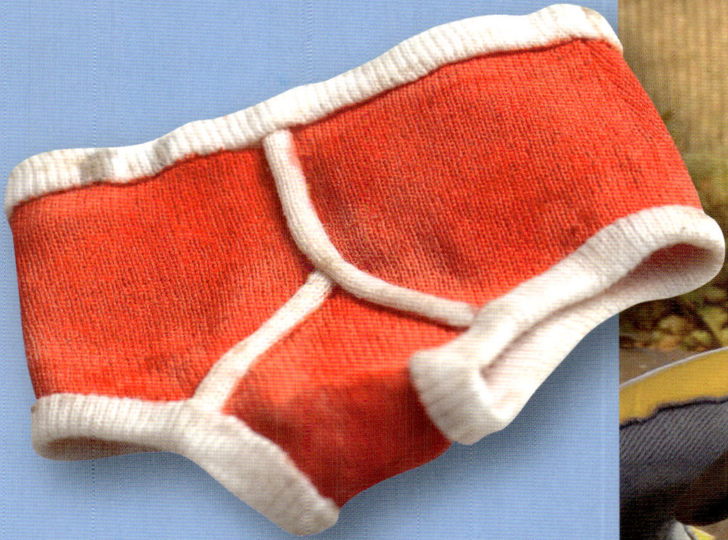

Schmäääckt nach Meer!

Frühlingsrollen mit Garnelen

Für 4 Portionen

3 El klarer Honig
2 El trockener Sherry
1 Tl Chilipulver
4 Scheiben Dörrfleisch
200 g Reisnudeln
3 Frühlingszwiebeln
100 g Schlangengurke
1 Möhre
450 g gekochte Garnelen
200 g gekochte Hühnerbrust
1 Packung Reispapier
100 ml Austernsauce
1 Piri-Piri-Schote
1 Knoblauchzehe
1 El Limonensaft
2 Tl Weinessig
2 Tl Reiswein
1 Tl Zucker
einige grüne Salatblätter
Minzezweige

Zubereitungszeit 30 Minuten (plus Marinier- und Bratzeit)
Pro Portion ca. 348 kcal/1460 kJ
48 g E * 6 g F * 24 g KH

Honig, Sherry und **Chilipulver** miteinander mischen und die **Dörrfleischscheiben** in dieser **Marinade** etwa 1 Stunde ziehen lassen. Anschließend die Scheiben in einer Pfanne knusprig braten und nach dem Abkühlen in schmale Streifen schneiden. Die **Reisnudeln** mit heißem Wasser übergießen und etwa 10 Minuten ziehen lassen, bis sie weich sind. Dann abgießen, abtropfen und abkühlen lassen. Die **Frühlingszwiebeln** putzen, waschen und in feine Röllchen schneiden, die **Gurke** waschen und in Streifen schneiden, die **Möhren** waschen, schälen und ebenfalls in dünne Streifen schneiden. Die **Garnelen** halbieren, das Hühnerfleisch in dünne Streifen schneiden. Alle diese Zutaten miteinander mischen. Die **Austernsauce** in eine Schüssel geben. **Piri-Piri-Schote** putzen und waschen, die **Knoblauchzehe** schälen, beides fein hacken. Zur **Austernsauce** geben, mit **Limonensaft, Essig** und **Reiswein** sowie dem **Zucker** mischen. Bis zum Servieren beiseite stellen. Einzelne Blätter **Reispapier** auf ein Handtuch legen und mit warmem Wasser einstreichen, bis sie weich und geschmeidig sind. Dann pro **Reispapier** etwas Füllung auf die untere Mitte geben und leicht verteilen. Nun das Papier von unten her fest zusammenrollen, die Seitenteile zur Mitte klappen und gut andrücken. So weiter verfahren, bis die Füllung verbraucht ist. Zum Servieren werden die **Frühlingsrollen** mit **Minzeblättern** in **Salatblätter** gehüllt. Die **Sauce** zum Tunken dazureichen.

Scharf gewürzter Karpfen

Für 4 Portionen

1 küchenfertiger Karpfen

5 El Pflanzenöl

3 getrocknete Piri-Piri-Schoten

1 Tl Szechuanpfeffer

2 Tl Misopaste

1 1/4 Tl Zucker

1 Tl Reiswein

1 Tl Essig

Salz

Zubereitungszeit 15 Minuten
(plus Bratzeit)
Pro Portion ca. 95 kcal/399 kJ
30 g E * 7 g F * 1 g KH

Den **Karpfen** waschen und innen und außen gut trockentupfen. Mit einem scharfen Messer auf beiden Seiten mehrmals schräg einschneiden.

Das **Öl** in einer großen Pfanne erhitzen und den **Fisch** darin von beiden Seiten knusprig braten. Dann aus der Pfanne nehmen und auf Küchenpapier abtropfen lassen.

Das **Öl** aus der Pfanne bis auf 2 El abgießen. Die **Piri-Piri-Schoten** und **Pfefferkörner** in die Pfanne geben und etwa 1 Minute schmoren. Aus der Pfanne nehmen, abtropfen lassen. **Piri-Piri-Schoten** hacken.

Die **Misopaste** in die Pfanne geben und unter Rühren kurz schmoren, restliche Zutaten zugeben und aufkochen. Den Fisch wieder in die Pfanne legen und etwa 3 Minuten von jeder Seite abgedeckt köcheln lassen. Eventuell etwas Wasser zugießen.

Den **Fisch** mit der **Sauce** anrichten und mit den gehackten **Chilis** und den **Pfefferkörnern** bestreuen.

Meeresfrüchte Diavolo

Das **Öl** in einem Topf erhitzen und die **Piri-Piri-Sauce** darin unter Rühren etwa 1 Minute erwärmen, bis sie sich aufgelöst hat. Die **Kokosmilch** hinzufügen und aufkochen. Die **Sauce** bei geringer Temperatur etwa 20 Minuten um die Hälfte einkochen lassen. Das **Öl** abschöpfen und die Sauce mit Salz abschmecken. Warm halten. Den Backofen auf 200 °C (Umluft 180 °C) vorheizen. Das Mehl auf einen Teller geben, die **Eier** verquirlen, würzen und auf einen zweiten Teller geben. Die **Nüsse** auf einen dritten Teller verteilen.Die **Fischfilets** entgräten, dann zuerst im **Mehl** wenden, abklopfen, durch die **Eier** ziehen und zuletzt in den **Nüssen** wälzen, bis sie vollständig damit bedeckt sind. Die **Butter** in einem Topf schmelzen. Die **Fischfilets** auf ein gefettetes Backblech legen, die **Butter** darüber geben und 12 bis 14 Minuten im Ofen backen. Die **Heilbuttfilets** mit der **Kokos-Piri-Piri-Sauce** servieren. Mit **Koriander** bestreuen. Nach Geschmack ein süßes **Chutney** dazureichen.

Für 4 Portionen

1 Zwiebel
4 Knoblauchzehen
4 El Olivenöl
450 g geschälte
Tomaten (Dose)
4 getrocknete
Piri-Piri-Schoten
1 Tl getrockneter Oregano
Salz, Pfeffer
250 g küchenfertige
Tintenfische
250 g Hummerfleisch
12 Venusmuscheln
500 g Miesmuscheln

Zubereitungszeit 30 Minuten
(plus Schmor- und Garzeit)
Pro Portion ca. 488 kcal/2048 kJ
69 g E * 11 g F * 28 g KH

Knoblauch-Garnelen

Den Backofen auf 200 °C (Umluft 180 °C) vorheizen. **Knoblauch** schälen und fein hacken. **Petersilie** waschen, trockenschütteln und fein hacken. **Garnelen** waschen und abtropfen lassen, eventuell vorher entdarmen.

Das **Öl** erhitzen und den Knoblauch darin anbraten. Die **Piri-Piri-Schote** zerbröseln und zufügen. **Petersilie** 2 Minuten unter Rühren mitbraten.

Garnelen zugeben und die **Gemüsebrühe** angießen. Im Backofen etwa 15 Minuten garen lassen. In jede **Garnele** ein Holzspießchen stecken und **Garnelen** in dem Sud servieren. Dazu passt **Weißbrot.**

Für 4 Portionen

5 Knoblauchzehen

1/2 Bund Petersilie

24 große, geschälte Garnelen

3 El Olivenöl

1 getrocknete

Piri-Piri-Schote

100 ml Gemüsebrühe

Holzspießchen

Zubereitungszeit 10 Minuten
(plus Garzeit)
Pro Portion ca. 695 kcal/2919 kJ
122 g E * 20 g F * 6 g KH

Krabbencreme

Das **Krabbenfleisch** pürieren. Das **Mehl** in einer Pfanne ohne Fett und unter Rühren anrösten. Pfanne vom Herd nehmen und beiseite stellen. Die **Zwiebel** schälen und fein hacken, die **Tomaten** waschen, vom Stielansatz befreien und in kleine Stücke schneiden. Das **Olivenöl** in einen Topf geben und erhitzen. Das geröstete **Mehl** hinzufügen und unter das **Öl** rühren. **Zwiebeln, Tomaten, Krabbenpüree** und **Weißwein** in den Topf geben und alles gut miteinander verrühren. Die **Krabbencreme** mit **Salz, Pfeffer** und **Piri-Piri-Sauce** abschmecken. Die **Creme** etwas einkochen lassen. Mit **Brot** servieren.

Für 4 Portionen

350 g gekochtes Krabbenfleisch

2 El Mehl

1 Zwiebel

2 große Tomaten

50 ml Weißwein

2 El Mehl

2 El Olivenöl

Pfeffer

Salz

Piri-Piri-Sauce

Zubereitungszeit 25 Minuten
(plus Kochzeit)
Pro Portion ca. 132 kcal/554 kJ
17 g E * 3 g F * 4 g KH

Polenta mit Auberginen

Für die **Polenta Mehl** mit **Milch** und gehacktem **Knoblauch** in einem Topf aufkochen und etwa 10 Minuten unter Rühren köcheln. **Käse** unterrühren und die Masse 10 Minuten abkühlen lassen. **Eigelbe** verquirlen, unterheben. **Polenta** etwa 1 cm dick auf ein gefettetes Backblech streichen und abkühlen lassen. Für die **Tomatensalsa** **Zwiebel** schälen, hacken und im heißen **Öl** glasig dünsten. **Gewürze** hinzufügen und mitdünsten. Die abgetropften und gehackten **Tomaten** sowie **Zucker** und **Essig** zufügen und alles zu einem dicken Brei kochen. Mit **Salz** und **Pfeffer** abschmecken. **Auberginen** waschen, putzen und in 1 cm dicke Scheiben schneiden. Mit Salz einreiben und etwa 30 Minuten ziehen lassen, dann abspülen und 10 Minuten in Milch einweichen. **Auberginenscheiben** trockentupfen und in 6 El heißem **Olivenöl** von beiden Seiten braten. Backofen auf 180 °C (Umluft 160 °C) vorheizen. Die **Polenta** in Kreise von der Größe der **Auberginenscheiben** schneiden. Jeweils eine **Polentascheibe** auf ein Backblech setzen, 1 El **Tomatensalsa** darüber geben und eine **Auberginenscheibe** darauf legen. Mit gehacktem **Basilikum** bestreuen.Darauf eine Scheibe **Mozzarella** legen, mit etwas **Tomatensalsa** abschließen. Im Ofen backen, bis der **Käse** geschmolzen ist. **Gemüsewürfel** im restlichen **Öl** andünsten, mit **Oregano** bestreuen und dazu servieren.

Für 4 Portionen

500 g Auberginen
Salz, 250 ml Milch
125 ml Olivenöl
4 El frisch gehacktes Basilikum
100 g Mozzarella in Scheiben
75 g rote Paprikawürfel
75 g Gurkenwürfel
1 Tl frisch gehackter Oregano

Für die Polenta:

125 g Polenta (Maisgrieß)
500 ml Milch
1 Knoblauchzehe
2 Tl frisch geriebener Parmesan
4 Eigelb

Für die Tomatensalsa:

1 Zwiebel, 4 El Olivenöl
2 El Currypulver
1 EL Piri-Piri-Sauce
500 g eingeweichte getrocknete Tomaten
250 g brauner Zucker
200 ml Rotweinessig
Salz
Pfeffer

Zubereitungszeit ca. 40 Minuten
(plus Zeit zum Kochen, Ziehen, Weichen, Brat- und Backzeit)
Pro Portion ca. 802 kcal/3368 kJ
20 g E * 40 g F * 86 g KH

Austern mit Melonensalat

Die **Melone** schälen, die Kerne herauslösen und das Fruchtfleisch fein hacken. Die **Chilischote** und die **Paprikaschote** putzen, waschen, entkernen und fein hacken. Diese Zutaten mit **Koriander** und **Limettensaft** in einer Schüssel mischen und 30 Minuten abgedeckt durchziehen lassen. Danach mit **Salz** und **Pfeffer** abschmecken. Die **Austern** von den Schalen lösen, aber darin lassen. Mit **Pfeffer** bestreuen. Auf jede **Auster** etwas **Melonensalsa** geben. Pro Teller etwas zerstoßenes **Eis** geben und mit **Steinsalz** bestreuen (damit es nicht schmilzt). Auf dem **Eis** getrocknetes **Seegras** anordnen, salzen und darauf jeweils sechs **Austern** in der Schale verteilen. Dazu **Tortillachips** und Limettenachtel reichen.

Für 4 Portionen

1/4 Galia-Melone
1 rote Chilischote
1 kleine rote Paprikaschote
1 Tl frisch gehackter Koriander
1 Tl Limettensaft
Salz, Pfeffer
24 Austern
Eiswürfel, Steinsalz
getrocknetes Seegras
Tortillachips
Limetten zum Garnieren

Zubereitungszeit: ca. 20 Minuten
(plus Zeit zum Durchziehen)
Pro Portion ca. 410 kcal/1722 kJ
55 g E * 7 g F * 29 g KH

Jacobsmuscheln provenzalisch

Für 4 Portionen

600 g sehr reife Tomaten

1 Zwiebel

4 Schalotten

3 El Olivenöl

75 ml Weißwein

Salz

Pfeffer

2 El Butter

20 frische küchenfertige Jakobsmuscheln

4 Knoblauchzehen

2 El frisch gehackte Petersilie

1/2 Tl frische Thymianblätter

2 El frische Weißbrotbrösel

20 Jakobsmuschelschalen

Zubereitungszeit 35 Minuten
(plus Bratzeit)
Pro Portion ca. 335 kcal/1407 kJ
15 g E * 22 g F * 16 g KH

Die **Tomaten** überbrühen, abschrecken und häuten. Anschließend halbieren, entkernen und würfeln.

Die **Zwiebel** und **Schalotten** schälen, klein gehackt in 2 Esslöffeln **Öl** 5 Minuten dünsten. Den **Wein** hinzugießen, etwas einkochen, anschließend die **Tomaten** hinzufügen. Salzen und pfeffern und 20 Minuten kochen, bis die Sauce sämig ist.

Den Backofen auf 200 °C (Umluft 180 °C) vorheizen. **Butter** und restliches **Öl** stark erhitzen. Die **Muscheln** darin von jeder Seite 1–2 Minuten goldgelb braten, dann beiseite stellen.

Den **Knoblauch** schälen und zerdrücken, in die heiße Bratpfanne geben und 1 Minute braten. Vom Herd nehmen und **Kräuter** und Brösel zufügen.

Muschelschalen im Backofen erwärmen. In jede Schale etwas **Tomatensauce** und 1 **Muschel** geben, mit der Bröselmischung bestreuen und servieren.

Fisch mexikanisch

Den Backofen auf 200 °C (Umluft 180 °C) vorheizen. Eine flache Auflaufform fetten.

Die **Fischfilets** trockentupfen und in die Form legen. Mit der **Salsa** bestreichen und mit dem **Käse** bestreuen.

Die **Tortilla-Chips** zerbröseln und über die **Fischfilets** streuen. Den **Fisch** im Ofen etwa 20 Minuten backen. Inzwischen die **Avocado** schälen, den Kern entfernen und das Fruchtfleisch in Scheiben schneiden. Die überbackenen **Fischfilets** mit **saurer Sahne** und **Avocadoscheiben** servieren.

Für 4 Portionen

800 g Fischfilet nach Wahl

250 ml Salsa nach Geschmack (mild oder scharf)

125 g frisch geriebener Cheddar

50 g Maistortilla-Chips, natur

1 Avocado

100 g saure Sahne

Fett für die Form

Zubereitungszeit 20 Minuten (plus Backzeit)
Pro Portion ca. 445 kcal/1869 kJ
45 g E * 20 g F * 21 g KH